30 দিনে ইংরেজী শিখুন

আপনি দেশের যে কোন প্রান্তেই যান না কেন, যদি আপনি ইংরেজী জানেন, তবে আপনার নিজের বক্তব্য অন্যে বুঝতে পারবে এবং অন্যর বক্তব্যও আপনি বুঝতে পারবেন।

ইংরেজী ভাষার প্রসিদ্ধ বিজ্ঞানীদের দ্বারা প্রস্তুত এই পুস্তকের সাহায্যে সাধারণ বাংলা জানা ব্যক্তিও ইংরেজী লিখতে, পড়তে এবং বলতে শিখে আজকের সমাজে নিজের জন্য গুরুত্বপূর্ণ স্হান তৈরী করতে পারবেন।

জনসাধারণের জন্য সহজ ও সরল ভাষায় এটি একটি অত্যন্ত উপযোগী পুস্তক।

30 দিনে ইংরাজী শিখুন

LEARN ENGLISH IN 30 DAYS THROUGH BENGALI

Dr. B.R. Kishore

ডায়মণ্ড বুকস

প্রকাশক ঃ ডায়মণ্ড বুক্স
X - 30, ওখলা ইণ্ডাস্ট্রিয়াল এরিয়া, ফেজ - II
নূতন দিল্লী - 110 020

ফোন ঃ 011-40712200

ই-মেল ঃ sales@dpb.in

ওয়েবসাইট ঃ www.dpb.in

LEARN ENGLISH IN 30 DAYS THROUGH BENGALI : Dr. B.R. Kishore

বিষয় সূচী

01
বর্ণমালা
ALPHABET (এ্যালফাবেট)

ইংরাজী বর্ণমালায় 26-টা অক্ষর আছে। ইংরাজী অক্ষর লাইনের ওপরে লেখা হয়। এই বর্ণমালার বড় *(Capital)* এবং ছোট *(Small)* – দু রকম রূপের ব্যবহারিক প্রয়োগ হয়। বর্ণগুলি এই প্রকার –

A a *(এ)*, B b *(বি)*, C c *(সি)*, D d *(ডি)*, E e *(ই)*, F f *(এফ)*, G g *(জি)*, H h *(এইচ)*, I i *(আই)*, J j *(জে)*, K k *(কে)*, L l *(এল)*, M m *(এম)*, N n *(এন)*, O o *(ও)*, P p *(পি)*, Q q *(কিউ)*, R r *(আর)*, S s *(এস)*, T t *(টি)*, U u *(ইউ)*, V v *(ভি)*, W w *(ডব্লিউ)*, X x *(এক্স)*, Y y *(ওয়াই)* এবং Z z *(জেড)*।

এগুলির মধ্যে 5-টি বর্ণ a, e, i, o, এবং u স্বর Vowels (ভাওয়েলস্) এবং বাকি বর্ণগুলি Consonants (কন্‌সোনেন্টস্)।

01. ঈশ্বর, ঈশ্বরের অন্যান্য নাম এবং পবিত্র ধর্মীয় পুস্তকের ক্ষেত্রে –
God, His Grace, Heavenly Father, the Virgin, The Ramayan, the Geeta.

02. বাক্যের প্রথম অক্ষর –
He was born with a silver spoon.

03. কবিতার প্রত্যেক পংক্তির প্রথম অক্ষর –
All work and no play.
Makes Jack a dull boy.

04 সমস্ত ব্যক্তিবাচক নাম, ঐগুলির দ্বারা তৈরী বিশেষণ, পদের নাম, উপাধি প্রভৃতি –
Delhi, Africa, India, American, Mr. B. Prasad, President Obama, Parliament.

05. সর্বনাম 'I' –
Come here and do what I say.
Respectfully I beg to say.

06. ডাইরেক্ট স্পীচ-য়ে উদ্ধৃতি চিহ্নের মধ্যে বাক্য আরম্ভ করার সময় –
He told to me, "You are my best friend."

07. শব্দ সংক্ষেপের জন্য –
W.H.O. (World Health Organisation)
M.P. (Member of Parliament)
বাকী স্থানে ছোট অক্ষর ব্যবহার করা হয়।

02
বর্ণের উচ্চারণ
PRONOUNCIATION OF ALPHABET
(প্রোনাউনসিয়েশন অফ্ এ্যালফাবেট)

ইংরাজী বর্ণের স্বতন্ত্র উচ্চারণের রূপ যে রকম হয়, অন্য বর্ণের সঙ্গে মিশে শব্দ তৈরী হলে তার রূপ অন্য রকম হয়। এটি খুব মনোযোগের সঙ্গে অনুধাবন করা আবশ্যক। একই বর্ণের ভিন্ন পরিস্থিতিতে ভিন্ন রূপে উচ্চারণ হয়।

বর্ণ উচ্চারণ

A a	এ	আ =	Smart (স্মার্ট), তীক্ষ্ণ, বুদ্ধিমান; Palm (পাম্) হাতের চেটো; Dark (ডার্ক) অন্ধকার; Fast (ফাস্ট) উপবাস, দ্রুত; Farm (ফার্ম) খামার বাড়ী।
		এ =	Safe (সেফ) সুরক্ষিত; Aid (এড্) সাহায্য; Bail (বেল্) জামানত; Grape (গ্রেপ) আঙুর; Save (সেভ্) সঞ্চয়।
		এ্যা =	Sac (স্যাক) বস্তা; Sad (স্যাড) উদাস; Add (এ্যাড) জোড়া; Badge (ব্যাজ) বিল্লা।
		অ =	All (অল্) সমস্ত; Ball (বল) বল; Small (স্মল) ছোট; Fall (ফল) পতন; Call (কল্) ডাকা।
B b	বি	ব =	Book (বুক) বই; Tub (টাব) টব; Cub (কাব্) সিংহের শাবক; Bite (বাইট) দংশন।
C c	সি	ক =	Cat (ক্যাট) বিড়াল; Coal (কোল) কয়লা; Can (ক্যান) পাত্র; Clever (ক্লেভার) চালাক।
		স =	Cent (সেন্ট) শত; Cement (সিমেন্ট) সিমেন্ট; Certain (সার্টেন) নিশ্চিত; Certificate (সার্টিফিকেট) প্রমাণপত্র।
D d	ডি	ড =	Did (ডিড) করেছিল; Daughter (ডটার) কন্যা; Bad (ব্যাড) মন্দ; Bond (বণ্ড) বন্ধন; Dog (ডগ্) কুকুর।

E e	ই	ই =	Here (হিয়ার) এখানে; Near (নিয়ার) নিকটে; Heroic (হিরোইক) সাহসী; Bedew (বিডিউ) শিশিরসিক্ত করা; Before (বিফোর) পূর্বে।
		ঈ =	She (শী) সেই স্ত্রীলোক; Be (বী) হওয়া; Me (মী) আমাকে।
		আ =	Herd (হার্ড) পশুপাল; Interim (ইন্টারিম) অন্তর্বর্তী।
		এ =	Egg (এগ্) ডিম; Men (মেন্) মানুষেরা; Pebble (পেব্‌ল্) পাথরের টুকরা; Peck (পেক) ঠোকর মারা; Bent (বেন্ট) বাঁকানো।
F f	এফ	ফ =	Fan (ফ্যান) পাখা; Leaf (লিফ্) পাতা; Infant (ইনফ্যান্ট) শিশু; Rifle (রাইফেল) বন্দুক; Fate (ফেট্) ভাগ্য।
G g	জি	গ =	Good (গুড্) ভালো; God (গড) ঈশ্বর; Rug (রাগ্) কম্বল; Bag (ব্যাগ) থলে।
		জ =	Geometry (জিওমেট্রি) রেখাগণিত; Gentle (জেন্টল) সজ্জন; Badge (ব্যাজ্) অভিজ্ঞান; Regiment (রেজিমেন্ট) সৈন্যদল।
H h	এচ্	হ =	Hat (হ্যাট) টুপি; Horse (হর্স) ঘোড়া; Heel (হিল্) গোড়ালি; High (হাই) উঁচু।
I i	আই	ই =	India (ইণ্ডিয়া) ভারত; Bit (বিট) অল্প; Fit (ফিট্) সক্ষম; Lily (লিলি) পদ্ম।
		আই =	Bite (বাইট্) কাটা; Light (লাইট্) আলো; Right (রাইট্) ঠিক; Sight (সাইট্) দৃষ্টি।
J j	জে	জ =	Joke (জোক্) মজা; Join (জয়েন) মিলন; Rejoice (রিজয়েস) আনন্দ; Dejected (ডিজেকটেড) উদাস।
K k	কে	ক =	Rock (রক্) পাহাড়; King (কিং) রাজা; Kite (কাইট্) ঘুড়ি, চিল; Kiss (কিস্) চুম্বন; Mark (মার্ক) চিহ্ন।
L l	এল	ল =	Lame (লেম্) খোঁড়া; Delete (ডিলিট) বাদ দেওয়া; Meal (মীল) আহার; Pull (পুল) টানা।
M m	এম	ম =	Man (ম্যান) মানুষ; Reform (রিফর্ম) সংশোধন; Seminar (সেমিনার) গোষ্ঠী।

N n	এন	ন =	Name (নেম) নাম; Sense (সেন্স) জ্ঞান; Ban (ব্যান) নিষিদ্ধ; Run (রান) দৌড়ানো।
O o	ও	ও =	Open (ওপেন) খোলা; Bone (বোন) হাড়; Mango (ম্যাঙ্গো) আম; Probe (প্রোব) অনুসন্ধান।
		অ =	Problem (প্রবলেম) সমস্যা; Prodigal (প্রডিগ্যাল) অপচয়ী; Slopy (স্লপী) ঢালু।
P p	পি	প =	Gap (গ্যাপ) ফাঁকা; Rope (রোপ) দড়ি; Open (ওপেন) খোলা; Pen (পেন) কলম।
Q q	কিউ	ক =	Mosque (মস্ক) মসজিদ; Queue (কিউ) লাইন; Quick (ক্যুইক) শীঘ্র।
R r	আর	র =	Rest (রেস্ট) বিশ্রাম; Bar (বার) টুকরো; Surprise (সারপ্রাইজ) বিস্ময়; Room (রুম) কামরা; Rough (রাফ) কর্কশ।
S s	এচ	চ =	Sun (সান) সূর্য; Bus (বাস) বাস; Sister (সিস্টার) বোন; Soap (সোপ) সাবান।
		জ =	Drowsy (ড্রাউজি) নিদ্রালু; Fuse (ফিউজ) ফিউজ তার; Reason (রীজন) কারণ।
T t	টি	ট =	Master (মাস্টার) প্রভু; Tea (টী) চা; Button (বাটন) বোতাম; Pot (পট) পাত্র।
		শ =	Initial (ইনিশিয়াল) প্রারম্ভিক; Portion (পোর্শন) ভাগ; Patient (পেশেন্ট) রোগী; Station (স্টেশন) স্টেশন।
U u	ইউ	য়ু =	Muse (মিউজ) সরস্বতী; Bull (বুল) ষাঁড়; Push (পুশ) ঠেলা দেওয়া; Put (পুট) রাখা।
		আ =	But (বাট) কিন্তু; Rut (রাট) গর্ত; Up (আপ) উপর; Sun (সান) সূর্য।
V v	ভি	ভ =	Vague (ভেগ) অস্পষ্ট; Wave (ওয়েভ) ঢেউ; River (রিভার) নদী; Brave (ব্রেভ) সাহসী; Vanish (ভ্যানিশ) অদৃশ্য হওয়া।

W w	ডব্লিউ	ও =	War (ওয়ার) যুদ্ধ; Widow (উইণ্ডো) জানলা; Power (পাওয়ার) শক্তি; Want (ওয়ান্ট) অভাব।
X x	এক্স	জ =	Examination (এক্জানিমেশন) পরীক্ষা; Example (এক্জাম্পল) উদাহরণ; Exuberance (এক্জুবারেন্স) আধিক্য।
Y y	ওয়াই	ই =	Yes (ইয়েস) হ্যাঁ; Yoga (যোগ) যোগ
		য =	By (বাই) দ্বারা; Cry (ক্রাই) কাঁদা; My (মাই) আমার; Thy (দাই) তোমার।
		ই=	Bury (বুরী) কবর; Worry (ওরী) চিন্তা; Dry (ড্রাই) শুকনো।
Z z	জেড	জ =	Zoo (জু) চিড়িয়াখানা; Zebra (জেব্রা) জেব্রা; Blaze (ব্লেইজ) ঘোষণা; Lazy (লেজী) অলস; Lizard (লিজার্ড) টিকটিকি।

03
যুক্তাক্ষর এবং স্বরের উচ্চারণ

যুক্তাক্ষর

ch	চ =	Church (চার্চ) গীর্জাঘর; Batch (ব্যাচ) দল; Bunch(বাঞ্চ) গুচ্ছ।
-	চ =	Chute (শুট) ঢালু, জলপ্রপাত।
-	ক =	Chaos (ক্যায়োস) অব্যবস্থা; Eucharist (য়ুকারিস্ট) উৎসব।
gh	গ =	Ghost (ঘোস্ট) প্রেত; Aghast (এ্যাঘাস্ট) আতঙ্কিত।
ph	ফ =	Phone (ফোন) দূরভাষ; Sophist (সফিস্ট); Phantom (ফ্যান্টম) ছায়ামূর্তি; Pharmacy (ফার্মেসী) ঔষধের দোকান।
sh	শ =	Shawl (শল) শাল; Shake (শেক) নাড়ানো; Rush (রাশ) ভীড়; Shrink (শ্রীঙ্ক) কমে যাওয়া।
th	থ =	Thin (থিন) পাতলা ;Thick (থিক) মোটা; Breath (ব্রীথ) শ্বাস; Breadth (ব্রীড্থ) প্রস্থ।
	দ =	Thine (দাইন) তোমার; With (উইথ) সঙ্গে; This (দিস্) এটি; That (দ্যাট) ঐটি।

সংযুক্ত স্বর Diphthong (ডিফ্থং)

যখন দুটি স্বর পাশাপাশি বসে, তখন এরা পরস্পর মিলে স্বরধ্বনি উৎপন্ন করে। এগুলির জন্য Diphthong (ডিফ্থং) শব্দ প্রয়োগ করা হয়। ইংরাজী সংযুক্ত স্বরের উচ্চারণের সময়ে বেশ কঠিন পরিস্থিতির সম্মুখীন হতে হয়।

ae	ই =	Encyclopaedia (এন্সাইক্লোপিডিয়া) বিশ্বকোষ; Aesthetic (এস্থেটিক) সৌন্দর্যবাদী।
	অ =	Aught (অট্) সামান্য কিছু; Caught (কট্) ধরা পড়া; Audio (অডিয়ো) যা শোনা যায়।
ea	ঈ =	Clean (ক্লীন) পরিস্কার; Mean (মীন) তুচ্ছ; Dean (ডীন) পদের নাম; Yeats (ইয়েটস) নাম।

ei	আই =	Either (আইদার/ইদার) দুয়ের মধ্যে এক; Neither (নাইদার) দুয়ের মধ্যে কোনটিই নয়; Height (হাইট) উচ্চতা।
-	এ =	Eight (এইট) আট; Freight (ফ্রেট) ভাড়া; Weight (ওয়েট) ওজন; Straight (স্ট্রেট) সোজা।
eo	ইয়ো =	Eon (ইয়োন) কল্প; Eolithic (ইয়োলিথিক) প্রস্তর যুগের পূর্ববতী; Eocene (ইয়োসিন) রঞ্জক।
eu	ইউ =	Eucharist (ইউক্যারিস্ট) পরম প্রসাদ; Eulogist (ইউলজিস্ট) প্রশংসক; Eunuch (এনাচ) হিজড়া; Europe (ইউরোপ) ইউরোপ।
ew	ইউ =	Mew (মিউ) মিউ ডাক; New (নিউ) নূতন; View (ভিউ) দৃশ্য।
ei	ঈ =	Receive (রিসীভ) পাওয়া; Deceit (ডিসীট) ধোঁকা; Reiterate (রীট্রীট) পুনরাবৃত্তি করা।
ie	ঈ =	Grieve (গ্রীভ) শোক; Sieve (সীভ) চালুনি; Field (ফীল্ড) মাঠ; Fiend (ফীণ্ড) রাক্ষস
ia	আই =	Lamb (ল্যাম্ব) কবিতার দ্বিমাত্রিক চরণ; Bias (বাইআস) প্রবণতা।
oo	উ =	Look (লুক) দেখা; Book (বুক) বই; Nook (নুক) কোনা; Took (টুক) লইয়াছিল।
-	উ =	Broom (ব্রুম) ঝাঁটা; Room (রুম) কামরা; Groom (গ্রুম) বর; Moon (মুন) চাঁদ।
oe	ঊ =	Shoe (শু) জুতা।
-	ঈ =	Oedipus (ঈড়িপাস) ঈডিপাস; Oecology (ঈডিমা) শোথ রোগ।
-	ও =	Roe (রো) হরিণী।
oa	ও =	Moat (মোট) পরিখা; Moan (মোন) বিলাপ; Oath (ওথ) শপথ।
oi	ওই =	Enjoin (এনজয়েন) আদেশ দেওয়া; Loin (লয়েন) কোমর; Noise (নয়েজ) গোলমাল।
ou	আউ =	Bout (বাউট) শক্তি পরীক্ষা; Bough (বাউ) শাখা; Gout (গাউট) রোগ; Out (আউট) বাহির।
uu	উআ =	Vacuum (ভাকুয়ম) শূণ্য।

এখানে কিছু সংযুক্ত স্বরযুক্ত এবং অন্য প্রকারের শব্দ সেগুলির উচ্চারণ এবং অর্থ সহ দেওয়া হল। এগুলি মন দিয়ে পড়ুন।

Bough (বাউ) শাখা
Cough (কাফ) কাশি
Dough (ডো) ময়দার তাল
Rough (রাফ্) কর্কশ
Achieve (এ্যাচীভ) প্রাপ্ত হওয়া
Cashier (ক্যাশিয়ার) খাজাঞ্চী
Fierce (ফিয়ার্স) ভয়ানক
Grief (গ্রীফ) শোক
Piece (পীস) টুকরো
Priest (প্রীস্ট) পুরোহিত
Wield (উইল্ড) শাসন করা
Conceit (কনসীট) অহংকার
Rhythm (রিদম) তাল
Tries (ট্রাইজ) চেস্টা করা
Similar (সিমিলার) সমান
Faries (ফেয়ারিজ) পরীগণ
Enjoys (এন্জয়েজ) আনন্দ করা
Decision (ডিসিশন) ফয়সালা
Eighth (এইটথ্) অস্টম
Twelfth (টুয়েলভ্থ্) দ্বাদশ
Eligible (এলিজিবল) উপযুক্ত
Necessary (নেসেসারী) জরুরী
Occasion (অকেশন) সুযোগ
Physically (ফিজিক্যালি) শারীরিক ভাবে
Prejudice (প্রেজুডিস) প্রতিকূল ধারণা
Privilege (প্রিভিলেজ) সুবিধা
Quantity (কোয়ান্টিটি) পরিমাণ
Recommend (রিকমেণ্ড) সুপারিশ
Deceive (ডিসীভ) প্রতারণা
Planning (প্ল্যানিং) যোজনা
Beginning (বিগিনিং) আরম্ভ
Whether (হোয়েদার) কিনা, যদি
Committee (কমিটি) সভা
Profitable (প্রফিটেবল) লাভজনক

04
মূক বর্ণ
SILENT LETTERS (সায়লেন্ট লেটার্স)

কিছু ইংরাজী শব্দের বানান (spelling) অনুযায়ী উচ্চারণ হয় না। এর তাৎপর্য এই যে, যা লেখা হয়... পড়া হয় না। উদাহরণস্বরূপ নীচের শব্দগুলি দেখুন –

Debt (ডেবট) ধার; **Doubt** (ডাউট) সন্দেহ; **Colonel** (কলোণেল) কর্ণেল; **Right** (রাইট) উচিত; **Wife** (ওয়াইফ) পত্নী; **Comb** (কম) চিরুনি; **Often** (অফেন) প্রায়ই।

এখানে দেখুন যে, **Debt** এবং **Doubt**-তে **'b'** মূক রয়েছে, অর্থাৎ বলা হয় না। **Colonel**-তে **'r'** নেই, তবু উচ্চারণ করা হয়। **Right**-তে **'gh'**, **Wife**-তে **'e'**, **Comb**-তে **'b'** এবং **Often**-তে **'t'** অক্ষর আছে... কিন্তু এগুলির উচারণ হয় না। এমন কেন হয় ? কারণ দীর্ঘ দিন ধরে এরূপই চলে আসছে।

ইংরাজীতে এমন অনেক শব্দ আছে... যেগুলোর মধ্যে বিভিন্ন অক্ষরের বিদ্যমানতা সত্ত্বেও সেগুলির উচ্চারণ হয় না... সেগুলি মূক থাকে। নীচে এই রকম মূক বর্ণের কিছু উদাহরণ দেওয়া হল ঃ-

মূক – 'C'

Scent *(সেন্ট)* গন্ধ
Science *(সায়েন্স)* বিজ্ঞান
Scene *(সীন)* দৃশ্য
Scion *(সিয়ন)* বংশজ

মূক – 'D'

Sledge *(শ্লেজ)* শ্লেজ গাড়ী
Knowledge *(নলেজ)* জ্ঞান
Bridge *(ব্রীজ)* পুল
Ridge *(রিজ)* পর্বত

মূক – 'G'

Sign *(সাইন)* চিহ্ন
Design *(ডিজাইন)* নমুনা
Resign *(রিজাইন)* ইস্তফা
Foreign *(ফরেন)* বিদেশ
Reign *(রেন)* সাম্রাজ্য

মূক – 'H'

Hour *(আওয়ার)* ঘন্টা
Honour *(অনার)* সম্মান
Thames *(টেমস্)* নদী
Thomas *(টমাস)* নাম

মূক – 'L'

Folk *(ফোক)* লোক
Walk *(ওয়াক)* চলা

Chalk *(চক)* খড়ি

Talk *(টক)* কথা বলা

Calm *(কাম)* শান্ত

Half *(হাফ)* অর্ধেক

Balm *(বাম)* মলম

মূক – 'N'

Hymn *(হিম)* ভজন

Column *(কলাম)* স্তম্ভ

Autumn *(অটাম)* শরৎ ঋতু

Condemn *(কণ্ডেম)* নিন্দা

মূক – 'P'

Psychology *(সাইকোলোজি)* মনোবিজ্ঞান

Pneumonia *(নিউমোনিয়া)* রোগের নাম

Pneumatic *(ন্যুম্যাটিক)* বায়বীয়

Psalm *(সাম)* ভজন

Pseudo *(সিউডো)* ছদ্ম

Receipt *(রিসিট)* রসিদ

মূক – 'S'

Island *(আইল্যাণ্ড)* দ্বীপ

Viscount *(ভাইকাউন্ট)* পদের নাম

মূক – 'U'

Guard *(গার্ড)* প্রহরী

Guarantee *(গ্যারান্টী)* জামিন

Guest *(গেস্ট)* অতিথি

Mosque *(মস্ক্)* মসজিদ

Rogue *(রোগ্)* শয়তান

Vague *(ভেগ)* অস্পষ্ট

মূক – 'Gh'

Right *(রাইট)* উচিত

Bright *(ব্রাইট)* উজ্জ্বল

High *(হাই)* উঁচু

Through *(থ্রু)* মধ্য দিয়ে

Thigh *(থাই)* উরু

Knight *(নাইট)* বীরপুরুষ

মূক – 'E'

ইংরাজী-তে এমন অনেক শব্দ আছে, যাতে 'E' বর্ণ অনুচ্চারিত থাকে। যেসব শব্দের শেষের 'E' মূক থাকে, সেগুলির সঙ্গে Suffix *(শেষ ভাগে)*

যোগ করে নূতন শব্দ তৈরী করার সময় বেশীর ভাগ ক্ষেত্রে 'E' কে বর্জন করা হয়–

Love (লভ্) ভালবাসা	**Lovable; Loving**
Mile (মাইল) মাইল	**Milage**
Live (লিভ) থাকা	**Livable**
Excite (এক্সাইট) উত্তেজিত করা	**Excitable**
Change (চেঞ্জ) বদলানো	**Changing**
Due (ডিউ) বাকী	**Duly**
True (ট্রু) সত্য	**Truly**
Whole (হোল) সমস্ত	**Wholly**

কিছু শব্দ এই নিয়মের বাহিরে থাকে। সেগুলি হল –

Change (চেঞ্জ) বদলানো	**Changeable**
Trace (ট্রেস) চিহ্ন	**Traceable**
Line (লাইন) সারি	**Lineage**
Judge (জাজ) নির্ণয়	**Judgement**

নিয়ম এই যে, যদি শব্দের সঙ্গে জুড়তে যাওয়া প্রত্যয় *(Suffix)* স্বর থেকে আরম্ভ হয়, তখন মূক 'E'-কে হটিয়ে দেয়, অন্যথা নয়। স্বর থেকে হওয়া প্রত্যকের সাথেও মূক 'E' রাখতে পারা যায়, যদি 'E'-র আগে 'G' বা 'C' বর্ণ থাকে। উপরের change-কে changeable রূপ দেবার সময় 'E'-কে বাদ দেওয়া হয় নি... যদিও প্রত্যয় able স্বর দ্বারা আরম্ভ হয়েছে। এটির কারণ হল মূক 'E' এর পূর্বে 'G' বর্ণ রয়েছে। এভাবেই Trace - Traceable!

05

শব্দ-সংকোচ

CONTRACTION (কন্ট্রাকশান)

ইংরাজীতে এমন অনেক শব্দ আছে, যেগুলি বলার সময় প্রায়ই সংকুচন হতে দেখা যায়। সময় সংক্ষেপ এবং সুবিধার দিকে দৃষ্টি রেখে এগুলি করা হয়। এর কিছু বিশেষ উদাহরণ ঃ-

I am	I'm (আয়াম)
I am not	I aren't (আই আরন্ট)
	I'm not (আয়াম নট)
He is	He's (হীজ)
He is not	He's not (হীজ নট)
	He isn't (হী ইজন্ট)
It is	It's (ইটস্)
It is not	It isn't (ইট ইজন্ট)
	It's not (ইটস্ নট)
We are	We're (উয়ার)
We are not	We aren't (উই আরন্ট)
	We're not (উয়ার নট)
You are	You're (য়ূআর)
You are not	You aren't (য়ূ আরন্ট)
	You're not (য়ূঅর নট)
They are	They're (দের)
They are not	They aren't (দে আরন্ট)
	They're not (দের নট)
I have	I've (আইভ)
I have not	I've not (আইভ নট)
	I haven't (আই হ্যাভন্ট)
We have	We've (উই হ্যাভ)
We have not	We've not (উইভ নট)
	We haven't (উই হ্যাভন্ট)
You have	You've (য়ূভ)
You have not	You've not (য়ূ হ্যাভ নট)
	You haven't (য়ূ হ্যাভন্ট)

I had	I'd (আইড)
I had not	I hadn't (আই হ্যাড্ন্ট)
I would	I'd (আইড)
I would not	I wouldn't (আই উড্ন্ট)

অন্য সহায়ক ক্রিয়াগুলির সংকুচিত নেতিবাচক রূপ এই ভাবে হয় ঃ-

does not	doesn't (ডাজ্ন্ট)
did not	didn't (ডিড্ন্ট)
can not	can't (কান্ট)
could not	couldn't (কুড্ন্ট)
need not	needn't (নিড্ন্ট)
shall not	shalln't (শ্যান্ট)

এবার নীচের বাক্যগুলি মনোযোগ দিয়ে পড়ুন ঃ-

01. We aren't sure. (উই আরন্ট শিওর)	আমরা নিশ্চিত নই।
02. You aren't late. (য়ু আরন্ট লেট)	তোমার বিলম্ব হয় নি।
03. Don't laugh like this. (ডোন্ট লাফ লাইক দিস)	এভাবে হেসো না।
04. It's three by my watch (ইটস থ্রী বাই মাই ওয়াচ)	আমার ঘড়িতে তিনটে বেজেছে।
05. She's to blame. (সীজ টু ব্লেম)	সেই দোষী।
06. I haven't read yet. (আই হ্যাভ্ন্ট রেড ইয়েট)	আমার এখনো পড়া হয়নি।
07. Rita hadn't come. (রীতা হ্যাড্ন্ট কাম)	রীতা আসে নি।
08. Didn't they go there? (ডিড্ন্ট দে গো দেয়ার ?)	তারা কি ওখানে যায় নি ?
09. Ramesh wouldn't do it. (রমেশ উড্ন্ট ডু ইট)	রমেশ এটি করবে না।
10. They shouldn't have gone. (দে শুড্ন্ট হ্যাভ গন)	ওদের যাওয়া উচিত ছিল না।
11. I'll go tomorrow. (আইল গো টুমরো)	আমি আগামীকাল যাব।

12. Geeta can't walk fast. (গীতা কাণ্ট ওয়াক ফাস্ট)	গীতা তাড়াতাড়ি হাঁটতে পারে না।
13. Sabita needn't worry. (সবিতা নিডন্ট ওরি)	সবিতার চিন্তার কারণ নাই।
14. It hadn't rained. (ইট হ্যাডন্ট রেইণ্ড)	বৃষ্টি হয় নি।
15. I couldn't reach in time. (আই কুডন্ট রীচ ইন্ টাইম)	আমি সময়ে পৌঁছতে পারিনি।
16. Don't you need my help? (ডোণ্ট য়ু নীড মাই হেল্প ?)	তুমি কি আমার সাহায্য চাও না ?
17. We shalln't oblige him. (উই শ্যাণ্ট অবলাইজ হিম)	আমরা তার উপকার করব না।
18. Doesn't he belong to Delhi? (ডাজন্ট হী বিলং টু দেল্লী ?)	সে কি দিল্লীর অধিবাসী নয় ?
19. Aren't they your guest? (আরন্ট দে ইয়োর গেস্ট ?)	তারা কি তোমার অতিথি নয় ?
20. I won't see him. (আই ওন্ট সী হিম)	আমি তার সঙ্গে দেখা করব না।
21. We hadn't seen the thief. (উই হ্যাড্ন্ট সীন দ্য থীফ)	আমরা চোরটিকে দেখি নি।

06

দিন এবং সপ্তাহ

DAYS AND WEEK (ডেজ এ্যাণ্ড উইক)

01. How many days are there in a week? (হাউ মেনি ডেজ আর দেয়ার ইন এ উইক ?)	সপ্তাহে কয়টি দিন থাকে ?
02. There are seven days in a week. (দেয়ার আর সেভেন ডেজ ইন এ উইক)	সপ্তাহে সাতটি দিন থাকে।
03. The first day of the week is Sunday. (দ্য ফার্স্ট ডে অফ দ্য উইক ইজ সাণ্ডে)	সপ্তাহের প্রথম দিন রবিবার।
04. Saturday is the last day of the week. (স্যাটারডে ইজ দ্য লাস্ট ডে অফ্ দ্য উইক)	শনিবার সপ্তাহের শেষ দিন।
05. Sunday is a holiday. (সাণ্ডে ইজ এ হলিডে)	রবিবার ছুটির দিন।
06. Schools, offices etc. remain closed on that day. (স্কুলস্, অফিসেজ এট্‌সেটরা রিমেইন ক্লোজড অন্ দ্যাট ডে)	স্কুল, অফিস ইত্যাদি ঐ দিন বন্ধ থাকে।
07. Children don't go to school on Sunday. (চিলড্রেন ডোন্ট গো টু স্কুল অন্ সাণ্ডে)	রবিবার বাচ্চারা স্কুলে যায় না।
08. The name of the days of the week are written with capitals. (দ্য নেম অফ্ দ্য ডেজ অফ দ্য উইক আর রিটন উইথ ক্যাপিট্যালস)	সপ্তাহের দিনগুলির নাম বড় অক্ষরে লেখা হয়।
09. In many offices is observed a five day week. (ইন মেনি অফিসেজ এ ফাইভ ডে উইক ইজ অবজার্ভড)	বহু অফিসে পাঁচ দিনে সপ্তাহ পালন করা হয়।
10. On Wednesday we went to visit an exhibition. (অন্	বুধবার আমরা এক প্রদর্শনী দেখতে গিয়েছিলাম।

ওয়েডনেসডে উই ওয়েন্ট টু ভিজিট এ্যান এক্জিবিশন)

11. Some keep fast on Tuesday. (সাম কীপ ফাস্ট অন ট্যুইসডে) — কেউ-কেউ মঙ্গলবার উপবাস রাখেন।

12. Some keep it on Saturday or Friday. (সাম কীট ইট অন্ স্যাটারডে অর ফ্রাইডে) — কেউ-কেউ শনিবার বা শুক্রবার এটি রাখেন।

13. What day is it on first of this month? (হোয়াট ডে ইজ ইট অন্ ফার্স্ট অফ্ দিস মান্থ ?) — এ মাসের পয়লা তারিখ কি বার ?

14. Perhaps, it is Monday. (পারহ্যাপস্ ইট ইজ মণ্ডে) — সম্ভবত সোমবার।

15. I shall finish my work by Sunday. (আই শ্যাল ফিনিশ মাই ওয়ার্ক বাই মণ্ডে) — রবিবারের মধ্যে আমি আমার কাজ শেষ করব।

16. Do return by Monday. (ডু রিটার্ন বাই মণ্ডে) — সোমবারের মধ্যে অবশ্যই ফিরে এসো।

17. I have been waiting since Wednesday. (আই হ্যাভ বীন ওয়েটিং সিন্স ওয়েডনেসডে) — আমি বুধবার থেকে অপেক্ষা করে আছি।

18. It has been raining cats and dogs since Saturday. (ইট হ্যাজ বীন রেনিং ক্যাটস্ এ্যাণ্ড ডগস সিন্স স্যাটারডে) — শনিবার থেকে মুষলাধারে বৃষ্টি হচ্ছে।

19. I was born on Sunday. (আই ওয়াজ বর্ন অন সাণ্ডে) — আমার জন্ম রবিবারে হয়েছিল।

20. And you? (এ্যাণ্ড য়ু ?) — এবং তুমি ?

21. I don't know. (আই ডোণ্ট নো) — আমি জানি না।

22. On every second Sunday he visits us. (অন্ এভরি সেকেণ্ড সাণ্ডে হী ভিজিটস আস) — প্রতি দ্বিতীয় রবিবারে তিনি আমাদের সঙ্গে দেখা করতে আসেন।

23. Do you know how many weeks are there in a month? — তুমি কি জানো, মাসে কটি সপ্তাহ থাকে ?

(ডু ইউ নো হাউ মেনী উইক্স আর দেয়ার ইন্ এ মান্থ ?)

24. And in a year? (এ্যাণ্ড ইন্ এ ইয়ার ?) — এবং এক বৎসরে ?

25. There are full four weeks in a month. (দেয়ার আর ফুল ফোর উইক্স ইন্ এ মান্থ) — প্রতি মাসে চারটি পূর্ণ সপ্তাহ থাকে।

26. There are fifty two weeks in a year. (দেয়ার আর ফিফটি-টু উইক্স ইন্ এ ইয়ার) — এক বৎসরে বাহান্ন সপ্তাহ থাকে।

27. Where had you been last week? (হোয়ার হ্যাড ফ্ল বীন লাস্ট উইক ?) — গত সপ্তাহে তুমি কোথায় গিয়েছিলে ?

28. I had been on a pleasure trip to Mumbai. (আই হ্যাড বীন অন্ এ প্লেজার ট্রিপ টু মুম্বাই) — আমি মুম্বাই বেড়াতে গিয়েছিলাম।

29. The seven days of the week are named after the seven planets. (দ্য সেভেন ডেজ অফ্ দ্য উইক আর নেমড্ আফটার সেভেন প্ল্যানেটস) — সপ্তাহের সাতটি দিনের নাম সাতটি গ্রহের নামে হয়েছে।

30. Sunday is named after the Sun. (সাণ্ডে ইজ নেমড্ আফটার দ্য সান) — রবিবারের নাম সূর্যের নামানুসারে হয়েছে।

31. Monday is named after the Moon. (মণ্ডে ইজ নেমড্ আফটার দ্য মুন) — সোমবারের নাম চন্দ্রের নামানুসারে হয়েছে।

07

বৎসর এবং মাস

YEAR AND MONTHS (ইয়ার এ্যাণ্ড মান্থস্)

1. There are twelve months in a year : January, February, March, April, May, June, July, August, September, October, November and December. (দেয়ার আর টুয়েলভ্ মান্থস্ ইন্ এ ইয়ার ঃ জানুয়ারী, ফেব্রুয়ারী, মার্চ, এপ্রিল মে, জুন, জুলাই আগস্ট, সেপ্টেম্বর, অক্টোবর, নভেম্বর এ্যাণ্ড ডিসেম্বর)	প্রতি বৎসরে বারোটি মাস থাকে, জানুয়ারী, ফেব্রুয়ারী, মার্চ, এপ্রিল, মে, জুন, জুলাই, আগস্ট, সেপ্টেম্বর, অক্টোবর, নভেম্বর এবং ডিসেম্বর।
2. January is the first month of the year. (জানুয়ারী ইজ দ্য ফার্স্ট মান্থ অফ্ দ্য ইয়ার)	বৎসরের প্রথম মাস হল জানুয়ারী।
3. February is the second and December is the last. (ফেব্রুয়ারী ইজ দ্য সেকেণ্ড এ্যাণ্ড ডিসেম্বর ইজ দ্য লাস্ট)	দ্বিতীয় মাস হল ফেব্রুয়ারী এবং শেষ মাস ডিসেম্বর।
4. What month is this? (হোয়াট মান্থ ইজ দিস ?)	এটা কোন্ মাস ?
5. It is the month of august. (ইট ইজ দ্য মান্থ অফ্ অগাস্ট)	এটা আগস্ট মাহ।
6. The last month was July. (দ্য লাস্ট মান্থ ওয়াজ জুলাই)	গত মাস ছিল জুলাই।
7. The next month will be September. (দ্য নেক্সট্ মান্থ উইল বী সেপ্টেম্বর)	আগামী মাস হবে সেপ্টেম্বর।
8. Today is 26th August. (টুডে ইজ টোয়েন্টীসিক্সথ অগাস্ট)	আজ 26-শে আগস্ট।

9. We became independent on August 15, 1947. (উই বিকেম ইণ্ডিপেণ্ডেন্ট অন্ অগাস্ট 15, 1947)

15-ই আগস্ট, 1947 আমরা স্বাধীন হয়েছি।

10. Before November comes October and after it December. (বিফোর নভেম্বর কামস অক্টোবর এ্যাণ্ড আফটার ইট ডিসেম্বর)

নভেম্বরের আগে অক্টোবর এবং পরে ডিসেম্বর আসে।

11. Saheli was born on 6th April. (সাহেলী ওয়াজ বর্ন অন সিক্সথ এপ্রিল)

6-ই এপ্রিল সাহেলীর জন্ম হয়েছিল।

12. August is eighth month of the year. (অগাস্ট ইজ এইটথ্ মান্থ অফ্ দ্য ইয়ার)

বৎসরের অস্টম মাস আগস্ট।

13. February is either of 28 days or 29 days. (ফেব্রুয়ারী ইজ আইদার অফ্ 28 ডেজ আর 29 ডেজ)

ফেব্রুয়ারী 28 বা 29 দিনের হয়।

14. April, June, September and November are of thirty days. (এপ্রিল, জুন, সেপ্টেম্বর এ্যাণ্ড নভেম্বর আর অফ্ থার্টি ডেজ)

এপ্রিল, জুন, সেপ্টেম্বর এবং নভেম্বর 30 দিনের হয়।

15. Both July and August are of 31 days. (বোথ জুলাই এ্যাণ্ড অগাস্ট আর অফ্ 31 ডেজ)

জুলাই এবং আগস্ট মাস দুটি 31 দিনের হয়।

16. Winter season sets in from November. (উইন্টার সীজন সেট্স ইন্ ফ্রম নভেম্বর)

নভেম্বর থেকে শীতকাল শুরু হয়।

17. Winter suits me so well. (উইন্টার সুটস্ মী সো ওয়েল)

শীতকাল আমার পক্ষে খুবই আরামদায়ক।

18. I like Rainy season. (আই লাইক রেনী সীজন)

আমি বর্ষাকাল পছন্দ করি।

19. The month of March is very pleasant. (দ্য মান্থ অফ্ মার্চ ইজ ভেরী প্লেজেন্ট)	মার্চ মাস খুব আরামপ্রদ হয়।
20. The festival of Holi is celebrated in this month. (দ্য ফেস্টিভাল অফ্ হোলি ইজ সেলিব্রেটেড ইন্ দিস মান্থ)	এই মাসে হোলি উৎসব পালন করা হয়।
21. People throw colours on one another, dance and sing. (পীপল থ্রো কালার্স অন্ ওয়ান এ্যানাদার, ডান্স এ্যাণ্ড সিং)	লোকেরা একে-অন্যের গায়ে রং দেয়, নাচে এবং গান করে।
22. Diwali comes either in October or November. (দিওয়ালী কামস আইদার ইন্ অক্টোবর অর নভেম্বর)	অক্টোবর অথবা নভেম্বর মাসে দেওয়ালী আসে।
23. Diwali is a festival of lights. (দিওয়ালী ইজ এ ফেস্টিভাল অফ লাইটস)	দেওয়ালী আলোর উৎসব।
24. A huge fair is held here in April. (এ হিউজ ফেয়ার ইজ হেল্ড হিয়ার ইন্ এপ্রিল)	এপ্রিল মাসে এখানে খুব বড় মেলা হয়।
25. What month is running now? (হোয়াট মান্থ ইজ রানিং নাউ ?)	এখন কোন্ মাস চলছে ?/

08

ক'টা বেজেছে ?

WHAT TIME IS IT (হোয়াট টাইম ইজ ইট ?)

01. What is the time by your watch? (হোয়াট ইজ দ্য টাইম বাই ইয়োর ওয়াচ ?)	আপনার ঘড়িতে এখন ক'টা বেজেছে ?
02. It is two O'clock. (ইট ইজ টু ও'ক্লক)	দুটো বেজেছে।
03. It is half past three. (ইট ইজ হাফ পাস্ট থ্রী)	সাড়ে তিনটে বেজেছে।
04. I get up in the morning at five. (আই গেট আপ ইন্ দ্য মর্নিং এ্যাট ফাইভ)	আমি ভোর পাঁচটায় ঘুম থেকে উঠি।
05. I take tea at six O'clock. (আই টেক টী এ্যাট সিক্স ও'ক্লক)	ছ'টায় আমি চা খাই।
06. At what time do you take your breakfast? (এ্যাট হোয়াট টাইম ডু য়ু টেক ইয়োর ব্রেকফাস্ট ?)	তুমি ক'টায় প্রাতঃরাশ খাও ?
07. At 8 O'clock I take my breakfast. (এ্যাট 8 ও'ক্লক আই টেক মাই ব্রেকফাস্ট)	আটটায় আমি প্রাতঃরাশ খাই।
08. My school begins at nine O'clock. (মাই স্কুল বিগিনস এ্যাট নাইন ও'ক্লক)	আমার স্কুল ন'টায় শুরু হয়।
09. By quarter past three I am back home.(বাই কোয়ার্টার পাস্ট থ্রী আই এ্যাম ব্যাক হোম)	সওয়া তিনটে নাগাদ আমি বাড়ী ফিরি।
10. I go to bed at ten in the night. (আই গো টু বেড এ্যাট টেন ইন্ দ্য নাইট)	রাত্রি দশটায় আমি শুতে যাই।
11. It is ten past three. (ইট ইজ টেন পাস্ট থ্রী)	এখন তিনটে বেজে দশ মিনিট।

12. Tell me when it is 20 minutes to four. (টেল মী হোয়েন ইট ইজ 20 মিনটস টু ফোর)	চারটে বাজতে কুড়ি মিনিট বাকী থাকতে আমাকে বলবে।
13. Now it is quarter to four. (নাউ ইট ইজ কোয়ার্টার টু ফোর)	এখন পৌনে চারটে বাজে।
14. He leaves his home at half past five. (হী লিভস হিজ হোম এ্যাট হাফ পাস্ট, ফাইভ)	সে সাড়ে পাঁচটায় বাড়ী থেকে বেরোয়।
15. The train departs at 11 a.m. (দ্য ট্রেন ডিপার্টস এ্যাট ইলেভেন এ.এম.)	ট্রেনটি সকাল এগারোটায় ছাড়ে।
16. His aeroplane takes off at ten to six. (হিজ এরোপ্লেন টেকস অফ্ এ্যাট টেন টু সিক্স)	ওর প্লেন ছটা বাজতে দশ মিনিট ছাড়বে।
17. The mail train is reaching the station late by two hours. (দ্য মেল ট্রেন ইজ রীচিং দ্য স্টেশন লেট বাই টু আওয়ার্স)	ডাক গাড়িটি দু ঘন্টা দেরীতে স্টেশনে পৌঁছবে।
18. I have to reach the station by 14.30 hours. (আই হ্যাভ টু রীচ দ্য স্টেশন বাই 14.30 আওয়ার্স)	আমাকে বেলা আড়াইটার মধ্যে স্টেশনে পৌঁছতে হবে।
19. It has been raining since 2 p.m. (ইট হ্যাজ বীন রেনিং সিন্স 2 পি.এম.)	বেলা দুটো থেকে বৃষ্টি হচ্ছে।
20. As soon as it strikes seven you start. (এ্যাজ সুন এ্যাজ ইট স্ট্রাইকস সেভেন য়ু স্টার্ট)	সাতটা বাজামাত্র তুমি যাত্রা শুরু করবে।
21. The Principal comes at 10 O'clock. (দ্য প্রিন্সিপাল কামস্ এ্যাট 10 ও'ক্লক)	অধ্যক্ষ দশটায় আসেন।

Note - a.m আর p.m. হচ্ছে ক্রমশঃ ল্যাটিন Anti-meridian and Post-meridian-য়ের সংক্ষিপ্ত রূপ। প্রথমটার অর্থ before noon আর দ্বিতীয়টার অর্থ হচ্ছে afternoon। রাত বারোটার পর থেকে পরের দিন দুপুর 12-টা বাজা পর্যন্ত সময় হচ্ছে before noon *(a.m.)* আর দুপুর 12-টার পর থেকে রাত 12-টা পর্যন্ত সময়কে after noon *(p.m.)* বলা হয়।

সেনা, রেল ইত্যাদি বিভাগে a.m. আর p.m.-কে নিয়ে হওয়া গড়বড়ের হাত থেকে মুক্তি পাওয়ার জন্য 24 ঘন্টার কালমান স্থির করা হয়েছে। বেলা দুটো বাজার তাৎপর্য হচ্ছে 14.00 বাজা। রাত তিনটে বাজার তাৎপর্য হচ্ছে 03.00 hours অর্থাৎ রাত বারোটা বাজার পর থেকে দিনের শুরু ধরা হয়। এই প্রকার সকাল 6-টাকে 06.00 hours আর সন্ধ্যা 6-টাকে 18.00 hours বলা হয়।

09
বাক্য
THE SENTENCE (দ্য সেন্টেন্স)

কথা বলতে আমরা বাক্যের প্রয়োগ করি। বাক্য হল শব্দের এমন সমষ্টি, যাতে সম্পূর্ণ অর্থ বোঝা যায়। বাক্য চার প্রকারের হয় ঃ-

1. কথনাত্মক Statements -

Ram is a boy. (রাম ইজ এ বয়) — রাম একটি বালক।
I have no money. (আই হ্যাভ নো মানি) — আমার কাছে টাকা নেই।
যে বাক্যে কোন সাধারণ বিষয় বলা হয়, তাকে কথনাত্মক বাক্য বলে। এটি affirmative *('হ্যাঁ'-সূচক)* এবং negative *('না'-সূচক)* দু প্রকারের হয়।

2. প্রশ্নবাচক Interrogative -

What is your name? (হোয়াট ইজ ইয়োর নেম ?) — তোমার নাম কি ?
Is she not tall? (ইজ শী নট টল ?) — সে কি লম্বা নয় ?
এই বাক্যে প্রশ্ন করা হয়।

3. আদেশাত্মক Imperative -

Bring the book. (ব্রিং দ্য বুক) — বইটি আনো।
Do not make a noise. (ডু নট মেক এ নয়েজ) — গোলমাল কোর না।
Please shut the window. (প্লীজ শাট দ্য উইণ্ডো) — দয়া করে জানলা বন্ধ করুন।

আদেশাত্মক বাক্যে আজ্ঞা, প্রার্থনা, নিবেদন, নির্দেশ ইত্যাদির ভাব প্রকাশিত হয়।

4. বিস্ময়বোধক Exclamatory -

How beautiful! (হাউ বিউটাফুল !) — কি সুন্দর !
Oh! how tragic (ওহো ! হাউ ট্রাজিক !) — হায় ! কি দুঃখের !
Alas! he is dead! (এলাস ! হী ইজ ডেড) — হায় ! তিনি মারা গেছেন !
বিস্ময়বোধক বাক্যে তীব্র ভাবনা এবং বিস্ময়ের ভাব থাকে।

'না'-সূচক বাক্য Negative Sentences
(নেগেটিভ সেন্টেন্সেস)

'না'-সূচক বাক্যের সহায়ক ক্রিয়াগুলিকে – can, do, did, is, am, are, was, were ইত্যাদির সঙ্গে not যুক্ত করে তৈরী করা হয়

He is not coming. (হী ইজ নট কামিং)	সে আসছে না।
You can not go. (য়ু ক্যান নট গো)	তুমি যেতে পার না।
It is not raining now. (ইট ইজ নট রেনিং নাউ)	এখন বৃষ্টি পড়ছে না।
He does not work hard. (হী ডাজ নট ওয়ার্ক হার্ড)	সে পরিশ্রম করে না।
I do not know you. (আই ডু নট নো য়ু)	আমি তোমাকে চিনি না।
Today is not Sunday. (টুডে ইজ নট সাণ্ডে)	আজ রবিবার নয়।
The book is not on the table (দ্য বুক ইজ নট অন্ দ্য টেবিল)	বইটি টেবিলের ওপর নেই।
They are not good friends. (দে আর নট গুড ফ্রেণ্ডস)	ওরা ভালো বন্ধু নয়।
I can not do this sum. (আই ক্যান নট ডু দিস সাম)	আমি এই অঙ্কটি করতে পারি না।
The doctor has not come yet. (দ্য ডক্টর হ্যাজ নট কাম ইয়েট)	ডাক্তার এখনো আসেন নি।
Girish was not there. (গিরীশ ওয়াজ নট দেয়ার)	গিরীশ সেখানে ছিল না।
This question is not difficult. (দিস্ কোয়েশ্চন ইজ নট ডিফিকাল্ট)	এই প্রশ্নটি কঠিন নয়।
He was not there. (হী ওয়াজ নট দেয়ার)	সে ওখানে ছিল না।
They were not reading. (দে ওয়্যার নট রীডিং)	ওরা পড়ছিল না।
They will not wait for us. (দে উইল নট ওয়েট ফর আস)	ওরা আমাদের জন্য অপেক্ষা করবে না।
I shall not go by bus.	আমি বাসে যাব না।

(আই শ্যাল নট গো বাই বাস)।

Kamal has not done his work.
(কমল হ্যাজ নট ডান হিজ ওয়ার্ক)
কমল তার কাজ করে না

He will not take ill of it.
(হী উইল নট টেক ইল অফ্ ইট)
উনি এতে অসন্তুষ্ট হবেন না।

Do not pluck the flowers.
(ডু নট প্লাক দ্য ফ্লাওয়ার্স)
ফুল তুলো না।

I do not take tea. (আই ডু নট টেক টী)
আমি চা পান করি না।

Now you should go. (নাউ য়ু শুড গো)
এখন তোমার যাওয়া উচিত।

Ram did not come. (রাম ডিড নট কাম)
রাম আসে নি।

I have not seen her.
(আই হ্যাভ নট সীন হার)
আমি তাকে দেখিনি।

You need not go there.
(য়ু নীড নট গো দেয়ার)
তোমার সেখানে যাওয়ার প্রয়োজন নেই।

They have not gone. (দে হ্যাভ নট গন)
তারা যায় নি।

Leela did not sing. (লীলা ডিড নট সিংগ)
লীলা গান গায় নি।

She was not writing.
(শী ওয়াজ নট রাইটিং)
তিনি লিখছিলেন না।

Geeta had not come.
(গীতা হ্যাড নট কাম)
গীতা আসে নি।

Dhanpat does not work here.
(ধনপত ডাজ নট ওয়ার্ক হিয়ার)
ধনপত এখানে কাজ করে না।

This is not my dog.
(দিস ইজ নট মাই ডগ)
এটি আমার কুকুর নয়।

She hasn't a good dress.
(শী হ্যাজন্ট এ গুড ড্রেস)
ওর ভাল পোশাক নেই।

I don't have money.
(আই ডোন্ট হ্যাভ মানী)
আমার কাছে টাকা নেই।

They can not come now.
(দে ক্যান নট কাম নাউ)
ওরা এখন আসতে পারবে না।

Gopal is not a bad boy. (গোপাল ইজ নট এ ব্যাড বয়)	গোপাল মন্দ ছেলে নয়।
He has not been paid for two months. (হী হ্যাজ নট বীন পেড ফর টু মান্থস্)	দু মাস যাবৎ ওকে কিছু দেওয়া হয় নি।
You ought not to disobey your parents. (য়ু অট নট টু ডিসওবে ইয়োর পেরেন্টস)	তোমার মাতা-পিতার কথা অমান্য করা উচিত নয়।

প্রশ্নবাচক বাক্য INTERROGATIVE SENTENCES
(ইন্টেরোগেটিভ সেন্টেন্সেস)

Is she writing a letter? (ইজ শী রাইটিং এ লেটার ?)	সে কি চিঠি লিখছে ?
Has the bus gone? (হ্যাজ দ্য বাস গন ?)	বাসটি কি চলে গেছে ?
Did you come? (ডিড য়ু কাম ?)	তুমি কি এসেছিলে ?
Will you wait for me? (উইল য়ু ওয়েট ফর মী ?)	আপনি কি আমার জন্য অপেক্ষা করবেন ?
Are they lazy? (আর দে লেজী ?)	তারা কি অলস ?
Is it raining? (ইজ ইট রেনিং ?)	বৃষ্টি হচ্ছে কি ?
Do you like tea? (ডু য়ু লাইক টী ?)	আপনি কি চা ভালবাসেন ?
Does he come daily? (ডাজ হী কাম ডেইলি ?)	সে কি রোজ আসে ?
Who opened my letter? (হু ওপেণ্ড মাই লেটার ?)	আমার চিঠি কে খুলেছে ?
What's the time? (হোয়াটস্ দ্য টাইম ?)	কটা বেজেছে ?
Who is there? (হু ইজ দেয়ার ?)	ওখানে কে ?
When will you return? (হোয়েন উইল য়ু রিটার্ন ?)	তুমি কখন ফিরবে ?
Where is my book? (হোয়ার ইজ মাই বুক ?)	আমার বই কোথায় ?
How is your father? (হাউ ইজ ইয়োর ফাদার ?)	আপনার বাবা কেমন আছেন ?
Whom do you want? (হুম ডু য়ু ওয়ান্ট ?)	আপনি কাকে চান ?

What's your name? (হোয়াটস্ ইয়োর নেম ?)	তোমার নাম কি ?
Which book do you choose? (হুইচ বুক ডু য়ু চুজ ?)	তোমার কোন্ বই পছন্দ ?
Would you like milk or tea? (উড ইউ লাইক মিল্ক অর টী ?)	আপনি দুধ না চা পছন্দ করেন ?
Shall we go now? (শ্যাল উই গো নাউ ?)	আমরা কি এখন যাব ?
Are you coming or not? (আর য়ু কামিং অর নট ?)	আপনি আসবেন কি আসবেন না ?
Did you do it or Ramesh? (ডিড য়ু ডু ইট অর রমেশ ?)	এটি তুমি করেছ না রমেশ ?
You have got the book? (য়ু হ্যাভ গট দ্য বুক ?)	তোমার কি বইটি আছে ?
Had you not been there? (হ্যাড য়ু নট বিন দেয়ার ?)	তুমি কি ওখানে ছিলে না ?
Were they not playing? (ওয়্যার দে নট প্লেইং ?)	তারা কি খেলছিল না ?
Has the train not left yet? (হ্যাজ দ্য ট্রেন নট লেফট্ ইয়েট ?)	ট্রেনটি কি এখনো ছেড়ে যায় নি ?
Who will not help her? (হু উইল নট হেল্প হার ?)	তাকে কে না সাহায্য করবে ?

আদেশাত্মক বাক্য (IMPERATIVE SENTENCES)
(ইম্পারেটিভ সেন্টেসজ)

Go now. (গো নাউ)	এখন যাও।
Be cautious. (বী কশাস)	সাবধানে থেকো।
Open the book. (ওপেন দ্য বুক)	বইটি খোল।
Please, do this. (প্লীজ ডু দিস)	দয়া করে এটি করুন।
Be reasonable please. (বী রিজনেব্‌ল প্লীজ)	অনুগ্রহ করে বুঝতে চেষ্টা করুন।
You be Quiet. (য়ু বী কোয়ায়েট)	আপনি শান্ত থাকুন।
You mind your own business. (য়ু মাইণ্ড ইয়োর ওন বিজনেস)	আপনি নিজের কাজ করুন।

Somebody come here. (সামবডি কাম হিয়ার)	কেউ এখানে এসো।
Ram, you go over there. (রাম, য়ু গো ওভার দেয়ার)	রাম, তুমি ওখানে যাও।
Let us move now. (লেট আস মুভ নাউ)	এখন আমাদের যাওয়া প্রয়োজন।
Let them come. (লেট দেম কাম)	ওদের আসতে দাও।
Don't do this. (ডোন্ট ডু দিস)	এটি কোর না।
Don't allow any one to enter. (ডোন্ট এ্যালাও এনিওয়ান টু এন্টার)	কাউকে ভেতরে আসতে দিও না।
Let us enjoy a walk. (লেট আস এঞ্জয় এ ওয়াক)	এসো, ভ্রমণের আনন্দ উপভোগ করি।
Do have some more tea. (ডু হ্যাভ সাম মোর টী)	আর একটু চা নিন।
Do this now. (ডু দিস নাউ)	এটি এখনই কর।
Do let us go to his house. (ডু লেট আস গো টু হিজ হাউস)	চলো, আমরা ওর বাড়ী যাই।

বিস্ময়বোধক বাক্য (EXCLAMATORY SENTENCES)
(এক্সক্লামেটরি সেন্টেন্সেজ)

How delightful is the scene (হাউ ডিলাইটফুল ইজ দ্য সীন!)	কি সুন্দর দৃশ্য!
How wonderful! (হাউ ওয়াণ্ডারফুল!)	কি সুন্দর!
What a fall! (হোয়াট এ ফল!)	কি পতন!
What a Long Queue! (হোয়াট এ লং কিউ!)	কি লম্বা লাইন!
How many years I waited (হাউ মেনী ইয়ার্স আই ওয়েটেড!)	আমি কত বছর ধরে অপেক্ষা করে আছি!
What a shame! (হোয়াট এ শেম!)	কি লজ্জার কথা!
Ah, me! (আহ, মী!)	হায়, আমি!
Well done! (ওয়েল ডান!)	শাবাশ!
Good God! (গুড গড!)	হে ভগবান!

10
কিছু বাঁধা উপমা
SOME SET COMPARISONS (সাম সেট কম্পারিজনস্)

01. as bitter as gall. (এ্যাজ বিটার এ্যাজ গল)	বিষের মতো তেঁতো।
02. as black as coal. (এ্যাজ ব্ল্যাক এ্যাজ কোল)	কয়লার মত কালো।
03. as blind as bat. (এ্যাজ ব্লাইণ্ড এ্যাজ ব্যাট)	বাদুরের মত অন্ধ।
04. as brittle as glass. (এ্যাজ ব্রিটল এ্যাজ গ্লাস)	কাঁচের মত ভঙ্গুর।
05. as brave as lion (এ্যাজ ব্রেভ এ্যাজ লায়ন)	সিংহের মত সাহসী।
06. as busy as bee. (এ্যাজ বীজি এ্যাজ বী)	মৌমাছির মত ব্যস্ত।
07. as bright as a day. (এ্যাজ ব্রাইট এ্যাজ ডে)	দিনের মত উজ্জ্বল।
08. as clear as crystal. (এ্যাজ ক্লিয়ার এ্যাজ ক্রিস্টাল)	স্ফাটিকের মত স্বচ্ছ।
09. as changeable as weather. (এ্যাজ চেঞ্জেবল এ্যাজ ওয়েদার)	আবহাওয়ার মত পরিবর্তনশীল।
10. as cool as cucumber. (এ্যাজ কুল এ্যাজ কিউকাম্বার)	শশার মত ঠাণ্ডা।
11. as cold as marble. (এ্যাজ কোল্ড এ্যাজ মার্বল)	পাথরের মত ঠাণ্ডা।
12. as cunning as fox. (এ্যাজ কানিং এ্যাজ ফক্স)	শেয়ালের মত ধূর্ত।
13. as cheerful as lark. (এ্যাজ চিয়ারফুল এ্যাজ লার্ক)	ভরত পাখীর মত আনন্দপূর্ণ।
14. as dark as pitch.	পীচের মত কালো।

(এ্যাজ ডার্ক এ্যাজ পীচ)

15. as dry as dust. — ধূলোর মত শুকনো।
(এ্যাজ ড্রাই এ্যাজ ডাস্ট)

16. as deep as well. — কূয়োর মত গভীর।
(এ্যাজ ডীপ এ্যাজ ওয়েল)

17. as dead as stone. — পাথরের মত প্রাণহীন।
(এ্যাজ ডেড এ্যাজ স্টোন)

18. as fresh as rose. — গোলাপের মত তাজা।
(এ্যাজ ফ্রেশ এ্যাজ রোজ)

19. as fresh as dew. — শিশিরের মত তাজা।
(এ্যাজ ফ্রেশ এ্যাজ ডিউ)

20. as firm as rock — পাষাণের মত দৃঢ়।
(এ্যাজ ফার্ম এ্যাজ রক)

21. as free as wind. — হাওয়ার মত স্বাধীন।
(এ্যাজ ফ্রী এ্যাজ উইণ্ড)

22. as fit as fiddle — বেহালার মত কর্মক্ষম।
(এ্যাজ ফিট এ্যাজ ফিডল)

23. as gentle as lamb. — মেষ শাবকের মত শান্ত।
(এ্যাজ জেন্টল এ্যাজ ল্যাম্ব)

24. as greedy as a wolf. — নেকড়ের মত লোভী।
(এ্যাজ গ্রীডি এ্যাজ উলফ)

25. as green as grass. — ঘাসের মত সবুজ।
(এ্যাজ গ্রীন এ্যাজ গ্রাস)

26. as good as gold. — সোনার মত খাঁটি।
(এ্যাজ গুড এ্যাজ গোল্ড)

27. as happy as king. — রাজার মত সুখী।
(এ্যাজ হ্যাপী এ্যাজ কিং)

28. as hard as flint. — চকমকি পাথরের মত কঠিন।
(এ্যাজ হার্ড এ্যাজ ফ্লিন্ট)

29. as light as feather. — পালকের মত হাল্কা।
(এ্যাজ লাইট এ্যাজ ফেদার)

30. as loud as thunder. (এ্যাজ লাউড এ্যাজ থাণ্ডার)	বজ্রের মত জোরালো।
31. as old as hills. (এ্যাজ ওল্ড এ্যাজ ডেথ)	পর্বতের পত প্রাচীন।
32. as pale as death. (এ্যাজ পেল এ্যাজ ডেথ)	মৃত্যুর মত পাণ্ডুর।
33. as proud as peacock. (এ্যাজ প্রাউড এ্যাজ পীকক)	ময়ূরের মত অহংকারী।
34. as Quick as thought. (এ্যাজ কুইক এ্যাজ থট)	চিন্তার মত গতিশীল।
35. as red as rose. (এ্যাজ রেড এ্যাজ রোজ)	গোলাপের মত লাল।
36. as round as ball. (এ্যাজ রাউণ্ড এ্যাজ বল)	বলের মত গোল।
37. as sharp as razor. (এ্যাজ শার্প এ্যাজ রেজর)	ক্ষুরের মত ধারালো।
38. as silent as grave. (এ্যাজ সায়লেন্ট এ্যাজ গ্রেভ)	কবরের মত নীরব।
39. as silly as a sheep. (এ্যাজ সীলি এ্যাজ শীপ)	ভেড়ার মত মূর্খ।
40. as sure as death. (এ্যাজ শিওর এ্যাজ ডেথ)	মৃত্যুর মত নিশ্চিত।
41. as soft as butter. (এ্যাজ সোফ্‌ট এ্যাজ বাটার)	মাখনের মত নরম।
42. as sweet as honey. (এ্যাজ স্যুইট এ্যাজ হানি)	মধুর মত মিস্টি।
43. as swift as an arrow. (এ্যাজ স্যুইফ্‌ট এ্যাজ এ্যান এ্যারো)	তীরের মত গতিশীল।
44. as white as snow. (এ্যাজ হোয়াইট এ্যাজ স্নো)	তুষারের মত শুভ্র।
45. as wise as Solomon. (এ্যাজ ওয়াইজ এ্যাজ সলোমন)	সলোমনের ন্যায় বিজ্ঞ।

11
প্রবাদ বাক্য
PROVERBS (প্রভার্বচ)

01. Union is strength. (ইউনিয়ন ইজ স্ট্রেংথ)	একতাই বল।
02. Health is wealth (হেল্থ ইজ ওয়েল্থ)	স্বাস্থ্যই সম্পদ।
03. Might is right. (মাইট ইজ রাইট)	জোর যার মুলুক তার।
04. Honesty is the best policy. (অনেস্টি ইজ দ্য বেস্ট পলিসি)	সাধুতাই শ্রেষ্ঠ পন্থা।
05. Where there is a will there is a way. (হোয়ার দেয়ার ইজ এ উইল, দেয়ার ইজ এ ওয়ে)	ইচ্ছা থাকলে উপায় হয়।
06. A friend in need is a friend indeed. (এ ফ্রেণ্ড ইন্ নীড ইজ এ ফ্রেণ্ড ইনডিড)	বিপদের বন্ধুই প্রকৃত বন্ধু।
07. Money makes the mare go. (মানী মেক্স মেয়ার গো)	টাকার নৌকা পাহাড় দিয়ে যায়।
08. Death's day is the doom's day. (ডেথস ডে ইজ দ্য ডুমস ডে)	নিজে মরলে জগতও মরে।
09. To cast pearls before a swine. (টু কাস্ট পার্লস বিফোর এ সোয়াইন)	বেনো বনে মুক্তা ছড়ানো।
10. Charity begins at home. (চারিটী বিগিনস এ্যাট হোম)	আপনি আচরি ধর্ম পরেরে শিখায়।
11. An empty vessel makes much noise. (এ্যান এম্পটি ভেসেল মেকস মাচ নয়েজ)	শূন্য কলসী বেশী বাজে।
12. Blood is thicker than water. (ব্লাড ইজ থিকার দ্যান ওয়াটার)	রক্তের সম্পর্ক গভীর হয়।
13. To blow one's own trumpet. (টু ব্লো ওয়ানস্ ওন ট্রাম্পেট)	নিজের ঢাক নিজে পেটানো।
14. To indulge in one's praise. (টু ইনডালজ ইন ওয়ানস প্রেজ)	নিজের প্রশংসা নিজে করা।

15. Beauty weeps, fortune enjoys. (বিউটি উইপস্, ফরচুন এনজয়েজ)	রূপসী কাঁদে, ভাগ্যবতী আনন্দ করে।
16. As you sow, so shall you reap. (এ্যাজ ইউ সো, সো শ্যাল ইউ রিপ)	যা বুনবে, তাই কাটবে।
17. Handsome is he that handsome does. (হ্যাণ্ডসাম ইজ হী দ্যাট হ্যাণ্ডসাম ডাজ)	আকৃতির চেয়ে প্রকৃতি দামী।
18. Hope sustains life. (হোপ সাস্টেন্স লাইফ)	মানুষ আশায় বাঁচে।
19. A drop in the ocean. (এ ড্রপ ইন্ দ্য ওসেন)	সমুদ্রে বারিবিন্দু।
20. A figure among cyphres. (এ ফিগার এ্যামং সাইফর্স)	অন্ধের দেশে কানা রাজা।
21. The wearer best knows where the shoe pinches. (দ্য ওয়ারার বেস্ট নোজ হোয়ার দ্য শু পিঞ্চেজ)	যার ব্যাথা, সেই বোঝে।
22. Fate is inevitable. (ফেট ইজ ইন্এভিটেবল)	ভাগ্যের লিখন অপরিহার্য।
23. Coming events cast their shadows. (কামিং ইভেন্টস কাস্ট দেয়ার শ্যাডোজ)	ছায়া পূর্বগামিনী।
24. To make castles in the air. (টু মেক ক্যাসলস্ ইন্ দ্য এয়ার)	শূন্যে দুর্গ বানানো।
25. Tit for tat. (টিট ফর ট্যাট)	যেমন কর্ম, তেমন ফল।
26. It is never too late to mend. (ইট ইজ নেভার টু লেট টু মেণ্ড)	সংশোধনের জন্য যে কোন সময়ই উপযুক্ত।-
27. Something is better than nothing. (সামথিং ইজ বেটার দ্যান ন্যাথিং)	নেই মামার চেয়ে কানা মামা ভালো।
28. Make hay while the sun shines. (মেক্ হে হোয়াইল দ্য সান শাইনস্)	সময় থাকতে কাজ সেরে নাও।

29. Riches have wings. — লক্ষ্মী চঞ্চলা হন।
(রিচেজ হ্যাভ উইংস)

30. Pure gold does not fear the flame. — সত্যের আগুনের ভয় নেই।
(পিওর গোল্ড ডাজ নট ফিয়ার দ্য ফ্লেম)

31. One flower Makes no garland. — এক ফুলে মালা হয় না।
(ওয়ান ফ্লাওয়ার মেকস নো গার্লাণ্ড)

32. While in Rome do as the Romans do. — যেমন দেশ, তেমন বেশ।
(হোয়াইল ইন্ রোম ডু এ্যাজ দ্য রোমান্স ডু)

33. No pains, no gains. — কষ্ট ছাড়া কেষ্ট মেলে না।
(নো পেনস, নো গেনস)

34. Much cry a little wool. — যত গর্জায়, তত বর্ষায় না।
(মাচ ক্রাই এ্যাণ্ড লিটল উল)

35. Out of sight, out of mind. — চোখের আড়াল তো মনেরও আড়াল।
(আউট অফ সাইট, আউট অফ মাইণ্ড)

36. Haste makes waste. — তাড়াতাড়ির কাজ শয়তানের।
(হেস্ট মেকস-ওয়েস্ট)

37. Misfortune never come alone. — বিপদ কখনো একা আসে না।
(মিস্‌ফরচুন নেভার কামস এ্যালোন)

38. A burnt child dreads the fire. — ঘরপোড়া গরু সিঁদুরে মেঘে ভয় পায়।
(এ বার্ন্ট চাইল্ড ড্রেডস দ্য ফায়ার)

39. Many a little makes a mickle. — রাই কুড়িয়ে বেল।
(মেনী এ লিটল মেকস এ মিকল)

40. Money begets money. — টাকায় টাকা টানে।
(মানী বিগেটস মানী)

41. Man Proposes, God disposes. — কর্তার ইচ্ছায় কর্ম।
(ম্যান প্রপোজেস, গড ডিসপোজেস)

42. To live from hand to mouth. — দিন আনা-দিন খাওয়া।
(টু লিভ ফ্রম হ্যাণ্ড টু মাউথ)

43. To cry over spilt milk. — উড়ে যাওয়া পাখী কাঁদলে ফেরে না।
(টু ক্রাই ওভার স্পিল্ট মিল্ক)

44. From frying pan to fire (ফ্রম ফ্রাইং প্যান টু ফায়ার)	তপ্ত কড়া থেকে আগুনে।
45. To kill two birds with one stone. (টু কিল টু বার্ডস উইথ ওয়ান স্টোন)	এক ঢিলে দু পাখী মারা।
46. To make mountain of a mole hill. (টু মেক মাউন্টেন অফ্ এ মোল হিল)	তিলকে তাল বানানো।
47. He jests at scars, who never felt a wound. (হি জেস্টস এ্যাট স্কার্স, হু নেভার ফেল্ট এ উণ্ড)	যাকে সাপে কামড়ায়নি, সে বিষের জ্বালা বুঝবে না।
48. Forced labour is better than idleness. (ফোর্সড লেবার ইজ বেটার দ্যান আইডলনেস)	বেকার থাকার চেয়ে বেগার খাটা ভালো।
49. Example is better than percept. (এক্জাম্পল ইজ বেটার দ্যান পারসেপ্ট)	উপদেশের চেয়ে উদাহরণ ভালো।
50. Every potter praises his pot. (এভরি পটার প্রেইজেস্ হিজ পট)	নিজের ছেলেকে সবাই ভালো দেখে।
51. Diamond cuts diamond. (ডায়মণ্ড কাটস্ ডায়মণ্ড)	লোহায় লোহা কাটে।
52. Man is the maker of his own destiny. (ম্যান ইজ দি মেকার অফ হিজ ওন ডেস্টিনি)	মানুষ নিজের ভাগ্য নিজে গড়ে।
53. To add insult to injury. (টু এ্যাড ইনসাল্ট টু ইনজুরী)	কাটা ঘায়ে নুনের ছিটে।
54. To err is human. (টু এর ইজ হিউম্যান)	মানুষ মাত্রই ভুল করে।
55. A man is known by the company he keeps. (এ ম্যান ইজ নোন্ বাই দ্য কোম্পানী হী কীপস্)	মানুষকে তার সঙ্গীদের দ্বারা চেনা যায়।
56. Drowning man catches at a straw. (ড্রাউনিং ম্যান ক্যাচেজ এ্যাট এ স্ট্র)	ডুবন্ত ব্যক্তি খড়কুটোকেও চেপে ধরে।

57. Contentment is happiness. (কন্টেন্টমেন্ট ইজ হ্যাপিনেস) সন্তুষ্টিই সুখ।

58. Slow and steady wins the race. (স্লো এ্যাণ্ড স্টেডি উইনস্ দ্য রেস) সহজে পাকলে মিস্টি হয়।

59. All's well that ends well. (অল ইজ ওয়েল দ্যাট এণ্ডস ওয়েল) সব ভাল, যার শেষ ভাল।

60. Do good and cast into the river. (ডু গুড এ্যাণ্ড কাস্ট ইনটু দ্য রিভার) ভালো কাজ করে নদীতে ফেলে দাও।

61. Cut your coat according to your cloth. (কাট ইয়োর কোট এ্যাকর্ডিং টু ইয়োর ক্লথ) আয় বুঝে ব্যয় কর।

62. Birds of the same feather flock together. (বার্ডস অফ্ দ্য সেম ফেদার ফ্লক টুগেদার) চোরের সাথী গাটকাটা।

63. To carry coal to new castle. (টু ক্যারী কোল টু ন্যু ক্যাসল) তেলা মাথায় তেল দেওয়া।

64. Everybody worships the rising sun. (এভরিবডি ওরশিপস দ্য রাইজিং সান) উদিত সূর্যকে সকলে পূজা করে।

65. Everything is fair in love and war. (এভরিথিং ইজ ফেয়ার ইন্ লাভ এ্যাণ্ড ওয়ার) প্রেম ও যুদ্ধে সব নীতিই ঠিক।

66. Love is blind (লাভ ইজ ব্লাইণ্ড) প্রেম অন্ধ।

67. Barking dogs seldom bite. (বার্কিং ডগস্ সেলডম বাইটস) গর্জানো মেঘ বর্ষায় না।

68. All that glitters is not gold. (অল্ দ্যাট্ গ্লিটারস ইজ নট গোল্ড) যা কিছু চকচক করে সবই সোনা নয়।

69. First deserve then desire. প্রথমে যোগ্যতা অর্জন

(ফার্স্ট ডিজার্ভ দেন ডিজায়ার)	করে পরে চাও।
70. A wolf in lambs clothing. (এ উলফ ইন ল্যাম্বস ক্লোদিং)	মেষ চর্মাবৃত নেকড়ে।
71. As the king so are the subjects. (এ্যাজ দ্য কিং সো আর দ্য সাবজেক্টস্)	যেমন রাজা, তেমন প্রজা।
72. A bad workman quarrels with his tools. (এ ব্যাড ওয়ার্কম্যান কোয়ার্লস উইথ হিজ টুলস)	নাচতে না জানলে উঠোন বাঁকা।
73. A nine days wonder. (এ নাইন ডেজ ওয়াণ্ডার)	চার দিনের চাঁদনী।
74. A little knowledge is a dangerous thing. (এ লিটল নলেজ ইজ এ ডেঞ্জারাস থিং)	অল্পবিদ্যা ভয়ঙ্করী।
75. Between two stools we come to the ground. (বিট্যুইন টু স্টুলস উই কাম টু দ্য গ্রাউণ্ড)	দুটির আশায় গিয়ে শূন্য প্রাপ্তি।
76. Beneath the rose lies the serpent. (বিনিদ দ্য রোজ লাইজ দ্য সার্পেন্ট)	স্বর্ণকলসে বিষ।
77. Cattle do not die from crow's cursing. (ক্যাটল ডু নট ডাই ফ্রম ক্রোজ কার্সিং)	শকুনের শাপে গরু মরে না।
78. Fortune favours the brave. (ফরচুন ফেভারস দ্য ব্রেভ)	সাহসী পুরুষের প্রতি ভাগ্য প্রসন্ন হয়।
79. It is work that makes a workman. (ইট ইজ ওয়ার্ক দ্যাট মেকস এ ওয়ার্কম্যান)	কাজই কাজ শেখায়।
80. Penny wise, pound foulish. (পেনী ওয়াইজ, পাউণ্ড ফুলিশ)	বজ্র আঁটুনি, ফস্কা গেরো।
81. Strike the iron while it is hot. (স্ট্রাইক দ্য আয়রন হোয়াইল ইট ইজ হট)	সময়ের কাজ সময়ে কর।

12

সাধারণ ভুল

COMMON ERRORS (কমন এরর্স)

01. Wrong-The peoples are pleased with the work.
    Right-The people are pleased with the work.
02. W.- The gentry of the city was present in the show.
    R.- The gentry of the city were present in the show.
03. W.- They engaged two maids-servant.
    R.- They engaged two maid-servants.
04. W.- Give my respect to your father.
    R.- Give my respects to your father.
05. W.- He gave all the informations.
    R.- He gave all the information.
06. W.- I like poetries to read.
    R.- I like poetry to read.
07. W.- The sceneries of Simla are beautiful.
    R.- The scenery of Simla is beautiful.
08. W.- He gave her a hundred rupee note.
    R.- He gave her a hundred rupee note.
09. W.- He took great pain to win the match.
    R.- He took great pains to win the match.
10. W.- Let us help the poors.
    R.- Let us help the poor.
11. W.- He is true to his words.
    R.- He is true to his word.
12. W.- Her hair are thick.
    R.- Her hair is thick.
13. W.- The teacher said that he will come tomorrow.
    R.- The teacher said that he would come tomorrow.
14. W.- The father asked if he is ill.
    R.- The father asked if he was ill
15. W.- I wanted to know how you have done.
    R.- I wanted to know how you had done.

16. W.- He said that the earth was round.
R.- He said that the earth is round.
17. W.- If I was the principal of the college.
R.- If I were the principal of the College.
18. W.- Walk carefully lest you fall.
R.- Walk carefully lest you should fall.
19. W.- I found that the book is not there.
R.- I found that the book was not there,
20. W.- She shall sing next.
R.- She will sing next.
21 W.- Shall you accompany me?
R.- Will you accompany me?
22. W.-I will not favour him.
R.- I shall not favour him.
23. W.-We will come tomorrow.
R.- We shall come tomorrow.
24. W.-I am too glad to see you.
R.- I am very glad to see you.
25 W.-It is very hot to work.
R.- It is too hot to work.
26. W.-Now, he is very well.
R.- Now, he is quite well.
27. W.-If you work hard, then you can top.
R.- If you work hard, you can top.
28. W.-No sooner the teacher came, the boys stopped talking.
R.- No sooner did the teacher came, then the boys stopped talking.
29. W.-I had hardly left that he came.
R.- I had hardly left when he came.
30. W.-He works hardly.
R.- He works hard.
31. W.-Unless you do not listen, you will not succeed.
R.- Unless you listen, you will not succeed.
32. W.-Copy this poem word by word.
R.- Copy this poem word for word.

33. W.-You should abstain of wine.

R.- You should abstain from wine.

34. W.-I have invited him for dinner.

R.- I have invited him to dinner.

35. W.-I have dispensed the services of the dishonest servant.

R.- I have dispensed with the services of the dishonest servant.

36. W.- He is blind from an eye.

R.- He is blind of an eye.

37. W.- He has been appointed on the post of a clerk.

R.- He has been appointed to the post of a clerk.

38. W.- Compare Nehru to Tito.

R.- Compare Nehru with Tito.

39. W.- We reached at the station late.

R.- We reached the station late.

40. W.- He killed the bird by a gun.

R.- He killed the bird with a gun.

41. W.- The man is mortal.

R.- Man is mortal.

42. W.- Wanted a M.A. in English.

R.- Wanted an M.A. in English.

43. W.- He is a honourable person.

R.- He is an honourable person.

44. W.- Headmaster is out of station.

R.- The headmaster is out of station.

45. W.- Himalaya protect us.

R.- The Himalaya protects us.

46. W.- I have read Ramayana and Bible.

R.- I have read the Ramayana and the Bible.

47. W.- I left Delhi previous day.

R.- I left Delhi the previous day.

48. W.- Ganges is a sacred river.

R.- The Ganges is a sacred river.

49. W.- She is a best student.
R.- She is the best student.
50. W.- She is ill for three months.
R.- She has been ill for three months.
51. W.- Do you know to swim?
R.- Do you know how to swim?
52. W.- Which city you like most?
R.- Which city do you like most?
53. W.- Being Sunday the school was closed.
R.- It being Sunday the school was closed.
54. W.- I have to give a test.
R.- I have to take a test.
55. W.- The teacher will take a test.
R.- The teacher will give a test.
56. W.- The captain with other players were present.
R.- The captain with other players was present.
57. W - Every boy and girl were given prizes.
R.- Every boy and girl was given prizes.
58. W.- Either you or they is at fault.
R.- Either you or they are at fault.
59. W.- The committee was divided on the issue.
R.- The committee were divided on the issue.
60. W.- The committee were unanimous.
R.- The committee was unanimous.
61. W.- Five thousand rupees are a big amount.
R.- Five thousand rupees is a big amount.
62. W.- If you will absent yourself, you will be fined.
R.- If you absent yourself, you will be fined.
63. W.- Neither he come, nor did he write a letter.
R.- Neither did he come, nor did he write a letter.
64. W.- Being a rainy day, the match did not take place.
R.- It being a rainy day, the match did not take place.
65. W.- The criminal was hung.
R.- The criminal was hanged.

66. W.- He has no issues.
R.- He has no issue.
67. W.- He came with his family members.
R.- He came with the members of his family.
68. W.- These news are good.
R.- This news is good.
69. W.- I am thankful for your advices.
R.- I am thankful for your pieces of advice.

কঠিন শব্দার্থ

gentry *(জেন্ট্রি)* = ভদ্রলোক; maid servant *(মেড-সার্ভেন্ট)* = চাকরানী; poetry *(পোয়েট্রি)* = কবিতা; scenery *(সিনারী)* = দৃশ্য; thick *(থিক)* = মোটা ; next *(নেক্সট)* = পরবর্তী; accompany *(এ্যাকম্প্যানি)* = সঙ্গ দেওয়া; favour *(ফেভার)* = কৃপা করা; Quite *(কোয়াইট)* = সমস্ত; hardly *(হার্ডলী)* = কষ্টের সঙ্গে; hard *(হার্ড)* = শক্ত; unless *(আনলেস)* = যদি না; succeed *(সাক্সীড)* = সফল হওয়া; abstain *(এ্যাবস্টেন)* = পরিহার করা; invite *(ইন্‌ভাইট)* = আমন্ত্রণ করা; dinner *(ডিনার)* = নৈশ ভোজন; dispense with *(ডিসপেন্স উইথ)* = ছেড়ে দেওয়া; appoint *(এ্যাপয়েন্ট)* = নিযুক্ত করা; compare *(কম্পেয়ার)* = তুলনা করা; mortal *(মর্টাল)* = মরণশীল; honourable *(অনারেবল)* = মাননীয়; protect *(প্রোটেক্ট)* = রক্ষা করা; previous *(প্রীভিয়াস)* = পূর্ববর্তী; sacred *(সেক্রেড)* = পবিত্র; swim *(স্যুইম)* = সাঁতার কাটা; prize *(প্রাইজ)* = পুরস্কার; fault *(ফল্ট)* = দোষ; unanimous *(আন্‌এনিমাস)* = একমত; criminal *(ক্রিমিন্যাল)* = অপরাধী; issue *(ইস্যু)* = সন্তান; advice (এ্যাডভাইস) = পরামর্শ।

13

বিভ্রান্তিকর শব্দ

WORDS OFTEN CONFUSED (ওয়ার্ডস অফেন কনফিউজড)

01.	accept (এ্যাকসেপ্ট)	স্বীকার করা, গ্রহণ করা।
	except (একসেপ্ট)	বাদ দেওয়া, ব্যতীত।
02.	admit (এ্যাডমিট)	স্বীকার করা, কথা শোনা।
	confess (কনফেস)	ভুল বা অপরাধ স্বীকার করা।
03.	advice (এ্যাডভাইস)	পরামর্শ, রায়।
	advise (এ্যাডভাইজ)	পরামর্শ দেওয়া।
04.	answer (আনসার)	প্রশ্নের উত্তর দেওয়া।
	reply (রিপ্লাই)	পত্রের উত্তর দেওয়া।
05.	audience (অডিয়েন্স)	শ্রোতা, শোনার লোক।
	spectators (স্পেকটেটরস)	দর্শক, দেখার লোক।
06.	bag (ব্যাগ)	থলে, ঝোলা।
	beg (বেগ)	ভিক্ষা চাওয়া, প্রার্থনা করা।
07.	bed (বেড)	বিছানা।
	bad (ব্যাড)	মন্দ, খারাপ।
08.	childish (চাইল্ডিশ)	মূর্খতাপূর্ণ।
	childlike (চাইল্ড লাইক)	শিশুসুলভ।
09.	climate (ক্লাইমেট)	জলবায়ু।
	weather (ওয়েদার)	আবহাওয়া।
10.	council (কাউন্সিল)	সভা, সমিতি, পরিষদ।
	counsel (কাউন্সেল)	শলা, পরামর্শ।
11.	couple (কাপল)	পতি-পত্নীর জোড়া।
	pair (পেয়ার)	দুটি বস্তুর জোড়া।
12.	cheque (চেক)	ব্যাঙ্কের চেক।
	check (চেক)	থামা, পরীক্ষা করা, নিয়ন্ত্রিত করা।
13.	cost (কস্ট)	মূল্য।
	coast (কোস্ট)	কিনারা, তট।
14.	cot (কট)	চারপাই।
	coat (কোট)	কোট, অঙ্গবস্ত্র।
15.	dispense (ডিসপেন্স)	বন্টন করা, দেওয়া, ঔষধ তৈরি করা।
	dispense with (ডিসপেন্স উইথ)	ছেড়ে দেওয়া।

16. difference (ডিফারেন্স) অন্তর, প্রভেদ।
deference (ডেফারেন্স) সম্মান, সংকার।
17. duel (ডুয়েল) দ্বন্দ্বযুদ্ধ।
dual (ডুয়াল) দু পক্ষের।
18. deny (ডিনাই) অস্বীকার করা, না মানা।
refuse (রিফিউজ) মানা করা, স্বীকার না করা।
19. discover (ডিসকভার) খুঁজে বের করা।
explore (এক্সপ্লোর) গবেষণা করা।
20. eligible (এলিজিবল) নির্বাচনযোগ্য।
illegible (ইল্লিজিবল) অস্পস্ট, যা পড়া যায় না।
21. exceed (এক্সীড) মাত্রা ছাড়াইয়া যাওয়া।
excel (এক্সেল) শ্রেষ্ঠ হওয়া, ছাপাইয়া যাওয়া।
22. excess (এক্সেস) অতি, সীমা অতিক্রম।
access (এ্যাক্সেস) নিকটে যাওয়া, পথ।
23. excite (এক্সাইট) উত্তেজিত করা।
incite (ইনসাইট) সক্রিয় করা, উদ্দীপ্ত করা।
24. expand (এক্সপ্যাণ্ড) প্রসারিত করা।
expend (এক্সপেণ্ড) খরচ করা
25. fair (ফেয়ার) ঠিক, মেলা।
fare (ফেয়ার) ভাড়া।
26. farther (ফার্দার) আরও দূর।
further (ফার্দার) সামনে, আরো বেশী।
27. hanged (হ্যাঙ্গড্) ফাঁসীতে ঝোলানো।
hung (হাং) টানানো।
28. heart (হার্ট) হৃদয়।
hart (হার্ট) পুরুষ হরিণ।
hurt (হার্ট) আঘাত।
29. hair (হেয়ার) চুল।
hare (হেয়ার) খরগোশ।
30. hail (হেল) অভিবাদন।
hale (হেল) স্বাস্থ্যবান।
31. know (নো) জানা।
no (নো) না।
32. leave (লীভ) ছেড়ে যাওয়া, ছুটি।
live (লিভ) বাস করা, জীবিত থাকা।
33. Loose (লুজ) ঢিলা, বাঁধন মুক্ত, খোলা।

lose (লুজ) হারানো।

34. notorious (নটোরিয়াস) বদনাম, কুখ্যাত।
famous (ফেমাস) প্রসিদ্ধ, গণ্যমান্য, বিখ্যাত।

35. practical (প্র্যাক্টিকাল) ব্যবহারিক, প্রয়োগাত্মক।
practicable (প্র্যাক্টিকেবল) ব্যবহার্য, যা ব্যবহার করা যায়।

36. principle (প্রিন্সিপল) নীতি, সিদ্ধান্ত।
principal (প্রিন্সিপাল) মুখ্য, প্রধান, প্রমুখ।

37. personal (পার্সোনাল) ব্যক্তিগত।
personnel (পার্সোনেল) কর্মচারীবর্গ।

38. physic (ফিজিক)' ঔষধ।
physique (ফিজীক) শারীরিক গঠন।

39. quiet (কোয়ায়েট) শান্ত, নিশ্চল, স্থির।
quite (কোয়াইট) সম্পূর্ণভাবে, সত্যিই।

40. rain (রেন) বৃষ্টি পড়া, বর্ষা, ওপর থেকে পড়া।
rein (রেন) লাগাম, রাশ।

41. rout (রাউট্) হার, পরাজয়, হৈ-চৈ, কোলাহল।
route (রুট) গমনপথ।

42. son (সন) পুত্র।
sun (সান) সূর্য।

43. stationary (স্টেশনারী) যা থেমে আছে, স্থির।
stationery (স্টেশনারী) লেখার জিনিসপত্র।

44. umpire (আম্পায়ার) নির্ণায়ক।
empire (এম্পায়ার) সাম্রাজ্য, সম্রাটের শাসন।

45. veracious (ভেরাশিয়াস) সত্যবাদী, সত্যনিষ্ঠ।
voracious (ভোরাশিয়াস) পেটুক, অতিশয় লোভী।

14

এক কথায় প্রকাশ

ONE WORD SUBSTITUTION (ওয়ান ওয়ার্ড সাব্‌স্টিটিউশন)

01. One who does not believe in the existence of God - atheist (এথিস্ট) নাস্তিক।
02. One who does something as a hobby - amateur (এ্যামেচার) শখের কর্মী।
03. A life story by the person himself - autobiography (অটোবায়োগ্রাফি) আত্মকথা।
04. An assembly of person who listen - audience (অডিয়েন্স) শ্রোতা।
05. An act of pardoning in general - amnesty (এ্যামনেস্টি) সর্বক্ষমা।
06. An event recurring annually - annual (এ্যানুয়াল) বার্ষিক।
07. One who is unable to pay his debt - bankrupt (ব্যাঙ্করাপ্ট) দেউলিয়া।
08. Having two feet - biped (বাইপেড) দ্বিপদ।
09. State of being unmarried - celibacy (সেলিবেসি) ব্রহ্মচর্য।
10. A fellow worker in the same office - colleague (কলীগ) সহকর্মী।
11. A stanza having two lines - couplet (কপ্লেট) কবিতার পর-পর দুই চরণ।
12. A man who readily believes - credulous (ক্রেডুলাস) সহজ বিশ্বাসী।
13. Where neither water nor vegetation is found - desert (ডেজার্ট) মরুভূমি।
14. Government of the people - democracy (ডেমোক্রেসী) গণতন্ত্র।
15. A book dealing with words in alphabetical order - dictionary (ডিকশনারী) অভিধান।
16. A game in which neither party wins - drawn (ড্রন) সমান-সমান।
17. A continuous lack of rain - drought (ড্রাউট) অনাবৃষ্টি, খরা।
18. A disease prevalent among community at special time - epidemic (এপিডেমিক) মহামারী।
19. Things without which we cannot do - essential (এসেনশিয়াল) অপরিহার্য।
20. Set manners of conduct - etiquette (এটিকেট) শিস্টাচার।
21. A speech delivered without preparation - extempore (এক্সটেম্‌পোর) তৎকালিক।

22. Made to be absent for a long time from one's own country - exile (এক্জাইল) নির্বাসন।
23. A thing fit to be eaten - edible (এডিবল) খাদ্য।
24. A person filled with wrong enthusiasm in religion - fanatic (ফ্যানাটিক) কট্টর।
25. Something which results in death - fatal (ফ্যাটাল) ঘাতক।
26. One who believes in fate - fatalist (ফ্যাটালিস্ট) ভাগ্যবাদী।
27. Art and science of language - grammar (গ্রামার) ব্যাকরণ।
28. A long list of words with their meanings - glossary (গ্লসারী) শব্দাবলী।
29. A person who eats in excess - glutton. (গ্লাটন) পেটুক।
30. Killing of human being - homicide. (হোমিসাইড) নরহত্যা।
31. The point where the earth and the sky seems to meet - horizon (হরাইজন) দিগন্ত, দিক্চক্রবাল।
32. A state of warfare - hostility (হোস্টিলিটি) শত্রুতা।
33. That which cannot be believed - incredible (ইনক্রেডিবল) অবিশ্বাস্য।
34. One who cannot read or write - illiterate (ইল্লিটারেট) নিরক্ষর।
35. That which is bound to happen - inevitable (ইন্এভিটেবল) অবশ্যম্ভাবী।
36. That which cannot be recalled - irrevocable (ইরেভোকেবল) অপরিবর্তনীয়।
37. That which cannot be seen - invisible (ইনভিজিব্ল) অদৃশ্য।
38. That which catches fire easily - inflammable (ইনফ্লেমেব্ল) সহজদাহ্য।
39. False sensual preposition - illusion (ইল্যুশন) ভ্রম, মরীচিকা।
40. That which kills insects - insecticide (ইন্সেক্টিসাইড) কীটনাশক।
41. A place where prisoners are kept - jail (জেল) কারাগার।
42. A thing concerning moon - lunar (লুনার) চান্দ্র।
43. A person who dies for the sake of his country - martyr (মার্টিয়ার) শহীদ।
44. Having the same name - namesake (নেমসেক) একনামী।
45. A badly behaved child - naughty (নটি) দুস্ট।
46. All powerful - omnipotent (ওম্নিপোটেন্ট) সর্বশক্তিমান।
47. Present everywhere - omnipresent (ওমনিপ্রেজেন্ট) সর্বব্যাপী।
48. One who sees bright side of things - optimist (অপটিমিস্ট) আশাবাদী।
49. Having lot of fat in one's body - obesity (ওবেসিটি) স্থূলতা।

50. Not transmitting light - opaque (ওপেক) অনচ্ছ।
51. A person without father and mother - orphan (অরফ্যান) অনাথ।
52. A thing of the east - oriental (ওরিয়েন্টাল) প্রাচ্য।
53. One who loves one's country too much - patriot (প্যাট্রিয়ট) দেশভক্ত।
54. Medical examination of dead human body - post mortem (পোস্ট মর্টেম) শব ব্যবচ্ছেদ।
55. After the death - posthumous (পস্থুমাস) মরণোত্তর।
56. A place where ships seek shelter - port (পোর্ট) বন্দর।
57. One who pretends skill in medicine and surgery - quack (ক্যোয়াক) হাতুড়ে ডাক্তার।
58. To use a woman by force - rape (রেপ) বলাৎকার।
59. Too much of official formality - red tapism (রেড টেপিজম) লাল ফিতার ফাঁস।
60. The art of making idols - sculpture (স্কালপ্চার) ভাস্কর্য।
61. Which does not favour any one religion - secular (সেকুলার) ধর্মনিরপেক্ষ।
62. A piece of music by one person - solo (সোলো) একাকী।
63. A place where horses are kept - stable (স্টেবল্) আস্তাবল।
64. To make free from living germs - sterilize (স্টেরিলাইজ) জীবাণুমুক্ত।
65. A person who abstains from all kinds of intoxication - teeto-taller (টিটো-টলর) আসবপানবিমুখ।
66. One who believes in God - theist (থেইস্ট) আস্তিক।
67. A writing which ends in death or sorrow - tragedy (ট্রাজেডি) বিয়োগান্তক।
68. Having three legs - tripod (ট্রিপড) তেপায়া।
69. Having information till today - up-to-date (আপ-টু-ডেট) অদ্যতন।
70. One who uses a diet of vegetables as food - vegetarian (ভেজিটারিয়ান) নিরামিশাষী।
71. A person who undertakes service of one's own free will - volunteer (ভলান্টিয়ার) স্বয়ংসেবক।
72. A place where animals and birds are kept - zoo (জু) চিড়িয়াখানা।

15

শিষ্টাচার

ETIQUETTE (এটিকেট)

01. আপনি কেমন আছেন ?	How do you do? (হাউ ডু য়্যু ডু ?)
02. নমস্কার, আপনার নাম ?	Hello, your good name? (হ্যালো, ইয়োর গুড নেম ?)
03. আপনি কি শ্রী দে ?	Are you Mr. Dey? (আর য়্যু মি. দে ?)
04. আমি ভাল আছি, আপনি কেমন আছেন ?	I'm well, how are you? (আই'ম ওয়েল, হাউ আর য়্যু ?)
05. হ্যা, আমি সম্পূর্ণ ঠিক আছি।	Yes, I am quite well. (ইয়েস, আই এম ক্যোয়াইট ওয়েল)
06. আপনি কি বাজারে যাচ্ছেন ?	Are you going to the bazaar? (আর য়্যু গোয়িং টু দ্য মার্কেট ?)
07. হ্যাঁ, আপনিও কি আসছেন ?	Yes, are you also coming. (ইয়েস, আর য়্যু অলসো কামিং ?)
08. দয়া করে ভেতরে আসুন।	Please come in. (প্লীজ কাম ইন)
09. দয়া করে একটু চা খান।	Please have some tea. (প্লীজ হ্যাভ সাম টী)
10. আপনার যেমন ইচ্ছা।	As you please (এ্যাজ ইউ প্লীজ)
11. আপনি কি অনুগ্রহ করে আমার একটি কাজ করবেন ?	Will you please do me a favour? (উইল য়্যু প্লীজ ডু মী এ ফেভার ?)
12. বলুন, কি কাজ ?	Well, what's that? (ওয়েল, হোয়াটস দ্যাট ?)
13. আচ্ছা, এটি গ্রহণ করুন।	Well, accept it. (ওয়েল, এ্যাকসেপ্ট ইট)
14. মহাশয়, দয়া করে আমায় কিছু টাকা দিন।	Please sir, give me some money. (প্লীজ স্যার, গিভ মী সাম মানী)
15. আমি কি ভেতরে আসতে পারি ?	May I come in? (মে আই কাম ইন্ ?)
16. আপনি কার সঙ্গে দেখা করতে চান ?	Whom do you want to see? (হুম ডু য়্যু ওয়ান্ট টু সী ?)

17. শুনুন ভাই, এখানে আসুন।	Well brother, come here. (ওয়েল ব্রাদার, কাম হিয়ার)
18. সম্ভব হলে আমার একটি কাজ করে দিন।	If possible do me a favour. (ইফ পসিবল, ডু মী এ ফেভার)
19. অনুগ্রহ করে আমায় কিছু টাকা দিন।	Please, give me some money. (প্লীজ, গিভ মী সাম মানী)
20. মাফ করুন, আমার কাছে এক্ষুনি কিছু নেই।	Please excuse me, I don't have right now. (প্লীজ এক্সকুজ মী, আই ডোন্ট হ্যাভ রাইট নাউ)
21. আপনাকে বিব্রত করার জন্য আমি লজ্জিত।	I'm sorry to have troubled you. (আই এ্যাম সরি টু হ্যাভ ট্রাবলড য়ু)
22. নমস্কার, আপনার কি অসুবিধা ?	Good morning, what's the trouble with you? (গুড মর্নিং, হোয়াটস দ্য ট্রাবল উইথ য়ু)
23. আমি আপনাকে কি ভাবে সাহায্য করতে পারি ?	What service can I do for you? (হোয়াট সার্ভিস ক্যান আই ডু ফর য়ু)
24. আহারের নিমন্ত্রণের জন্য ধন্যবাদ।	Thanks for your invitation to lunch. (থ্যাঙ্কস ফর ইয়োর ইন্‌ভিটেশন টু লাঞ্চ)
25. আপনার পরিচয় ?	Your introduction, please? (ইয়োর ইন্ট্রোডাকশন, প্লীজ ?)
26. আপনার পরিচয় পেয়ে খুব খুশী হলাম।	I am very glad to have your introduction. (আই এ্যাম ভেরী গ্ল্যাড টু হ্যাভ ইয়োর ইন্ট্রোডাকশন)
27. আপনার বাবাকে আমার প্রণাম জানাবেন।	Please give my compliments to your father. (প্লীজ গিভ মাই কমপ্লিমেন্টস টু ইয়োর ফাদার)
28. নববর্ষের শুভ কামনা।	A very happy new year! (এ ভেরী হ্যাপী নিউ ইয়ার !)
29. আপনার জন্মদিনে আন্তরিক শুভেচ্ছা।	Hearty congratulations on your birthday. (হার্টি কনগ্রাচুলেশনস অন্ ইয়োর বার্থডে)

30. আপনার সুখী ভবিষ্যৎ কামনা করি।	Wish you the best of luck. (উইশ য়ু দি বেস্ট অফ্ লাক)
31. আপনার ঘড়িতে এখন ক'টা বেজেছে ?	What's the time by your watch? (হোয়াটস দ্য টাইম বাই ইয়োর ওয়াচ ?)
32. বেশ, তাহলে এবার আমায় যাওয়ার অনুমতি দিন।-	Well, now allow me to go. (ওয়েল, নাউ এ্যালাও মী টু গো)
33. আপনার আগমনের জন্য ধন্যবাদ।	Thanks for your visit. (থ্যাঙ্কস ফর ইয়োর ভিজিট)
34. মনে হয় আপনার ভুল হচ্ছে।	Perhaps you are mistaken. (পারহ্যাপস য়ু আর মিসটেকন)
35. নমস্কার, আবার দেখা হবে।	Good bye, see you again. (গুড বাই, সী য়ু এগেন)
36. আপনার যখন ইচ্ছা আসবেন।	You are always welcome. (য়ু আর অলওয়েজ ওয়েলকাম)
37. লৌকিকতার কোন প্রয়োজন নেই।	Please don't stand on formalities. (প্লীজ ডোন্ট স্ট্যাণ্ড অন্ ফর্মালিটিজ)
38. আরাম করে বসুন।	Please be seated comfortably. (প্লীজ বী সীটেড কম্‌ফর্টেবলী)
39. আপনাকে আবার দেখে আনন্দ পেলাম।	I'm glad to see you again. (আই'ম গ্ল্যাড টু সী য়ু এগেন)

16

শরীর এবং স্বাস্থ্য

BODY AND HEALTH (বডি এ্যাণ্ড হেল্থ)

01.	শরীর ডচ্ছে আত্মার গৃহ।	The body is the house of soul. (দ্য বডি ইজ দ্য হাউস অফ্ সোল)
02.	শরীরের প্রতি খুব যত্ন নেবে।	Look after the body well. (লুক আফ্টার দ্য বডি ওয়েল)
03.	মানব শরীর এক আশ্চর্য বস্তু।	Human body is a wonderful thing. (হিউম্যান বডি ইজ এ ওয়াণ্ডারফুল থিং)
04.	দুর্বল শরীর একটি অভিশাপ।	A weak body is a curse. (এ উইক বডি ইজ এ কার্স)
05.	সুস্থ শরীরেই সুস্থ মন বাস করে।	Healthy mind lives in a healthy body. (হেল্দী মাইণ্ড লিভস্ ইন্ এ হেল্দী বডি)
06.	সুস্বাস্থ্যই সৌন্দর্যের ভিত্তি।	Good health is the basis of beauty. (গুড হেল্থ ইজ দ্য বেসিস অফ্ বিউটী)
07.	আমাদের শরীরের খাদ্যের প্রয়োজন।	Our body needs food. (আওয়ার বডি নীডস ফুড)
08.	খাদ্য আমাদের কর্মশক্তি জোগায়।	Food provides us energy. (ফুড প্রোভাইডস আস এনার্জী)
09.	সর্বদা সুষম খাদ্য খাবেন।	Always take balanced diet. (অলওয়েজ টেক ব্যালান্সড ডায়েট)
10.	স্বাস্থ্য হল এক উপায়, সমাপ্তি নয়।	Health is a means not an end. (হেল্থ ইজ এ মীনস, নট এ্যান এণ্ড)
11.	তাঁর স্বাস্থ্য ভালো নেই।	He is not keeping good health. (হী ইজ নট কীপিং গুড হেল্থ)
12.	আমার খুব ঠাণ্ডা লেগেছে।	I have bad cold. (আই হ্যাভ ব্যাড কোল্ড)

13. রোজ ব্যায়াম করবে। — Take exercise daily. (টেক এক্সারসাইজ ডেলী)

14. তাঁর সমস্ত শরীর ব্যথা করছে। — Her whole body is aching. (হার হোল বডি ইজ একিং)

15. তোমার সম্পূর্ণ বিশ্রামের প্রয়োজন। — You require complete rest. (য়ু রিক্যোয়ার কমপ্লিট রেস্ট)

16. আজ আমার শরীর ভালো নেই। — I'm not feeling well today. (আই এ্যাম নট ফীলিং ওয়েল টুডে)

17. অনীতা কি ওষুধ খেয়েছিল? — Did Anita take medicine? (ডিড অনীতা টেক মেডিসিন?)

18. তুমি নিজের ডাক্তারী পরীক্ষা করাও। — You get yourself medica.ly examined. (য়ু গেট ইয়োরসেল্ফ মেডিক্যালী এক্জামিণ্ড)

19. ওর কি রোগ হয়েছে? — What is he suffering from? (হোয়াট ইজ হী সাফারিং ফ্রম?)

20. স্বাস্থ্যই সম্পদ। — Health is wealth. (হেল্থ ইজ ওয়েল্থ)

21. ডাক্তারকে ডাকো। — Call in the doctor. (কল ইন্ দ্য ডক্টর)

22. কোন ভালো ডাক্তারকে দেখাও। — Consult some good doctor. (কনসাল্ট সাম গুড ডক্টর)

23. সে একজন হাতুড়ে ডাক্তার। — He is a quack. (হী ইজ এ ক্যোয়াক)

24. সীতার মাথা ঘুরছিল। — Sita felt giddy. (সীতা ফেল্ট গিডী)

25. তোমার রোগের কি নির্ণয় হয়েছে? — Has your disease been diagnosed? (হ্যাজ ইয়োর ডিজিজ বীন ডায়াগ্নোজড?)

26. দু ঘন্টা অন্তর ওষুধটি খাও। — Take the medicine every two hours. (টেক দ্য মেডিসিন এভ্রী টু আওয়ার্স)

27.	জ্বরের জন্য এটিই শ্রেষ্ঠ প্রতিকার।	It's the best remedy for fever. (ইট্স দ্য বেস্ট রেমেডি ফর ফীভার)
28.	তার ভীষণ মাথাব্যাথা করছে।	He has severe headache. (হী হ্যাজ সিভিয়ার হেডেক)
29.	অতি ভোজন করো না।	Avoid over eating. (এ্যাভয়েড ওভার ইটিং)
30.	অতি শ্রম স্বাস্থ্যের পক্ষে হানিকারক।	Over work tells upon the health. (ওভার ওয়ার্ক টেলস আপন দ্য হেল্থ)
31.	তার অসুবিধা কী ?	What ails him. (হোয়াট এইলস হিম ?)
32.	সে এক মারাত্মক রোগে ভুগছে।	He has been suffering from a fatal disease. (হী হ্যাজ বীন সাফারিং ফ্রম এ ফ্যাটাল ডিজিজ)
33.	সে ক্ষয়রোগে মারা গেছে।	He died of T.B. (হী ডায়েড অফ্ টি.বি.)
34.	বসন্ত ছোঁয়াচে রোগ।	Smallpox is a contagious disease. (স্মল পক্স ইজ এ কন্টাজিয়াস ডিজিজ)
35.	সে কোষ্ঠকাঠিন্য ভুগছে।	He has been suffering from constipation. (হী হ্যাজ বীন সাফারিং ফ্রম কনস্টিপেশন)
36.	সময়ে-সময়ে জোলাপ নিও।	Take perrgative some time. (টেক পার্গেটিভ সাম টাইম)
37.	আমি অত্যন্ত পরিশ্রান্ত।	I'm exhausted. (আই এ্যাম এগজস্টেড)
38.	সে আমার স্বাস্থ্য সম্বন্ধে খোঁজ নিতে এসেছিল।	He came to enquire after my health.. (হী কেম টু এন্‌ক্যোয়ার আফটার মাই হেল্থ)

17

অভিনন্দন এবং কৃতজ্ঞতা জ্ঞাপন

GREETINGS AND GRATITUDE (গ্রীটিংস এ্যাণ্ড গ্র্যাটিচিউড)

01. নববর্ষ মঙ্গলময় হোক !-	All good wishes for a happy new year! (অল গুড উইশেজ ফর এ হ্যাপী নিউ ইয়ার)
02. নববর্ষের অভিনন্দন !	New year greetings! (নিউ ইয়ার গ্রীটিংস)
03. ভগবানের আপনাকে ধনে-জনে সুখী রাখুন !	May God bless you with man and money! (মে গড ব্লেস য়ু উইথ ম্যান এ্যাণ্ড মানি)
04. আপনাকে দীপাবলীর শুভ কামনা !	Happy Diwali to you! (হ্যাপী দিওয়ালী টু য়ু !)
05. এই শুভ অনুষ্ঠানে আপনাদের সবার সাদর আমন্ত্রণ !	You all are welcome on this happy occasion! (য়ু আর অল ওয়েলকাম অন দিস হ্যাপী অকেশন)
06. ঈদের শুভেচ্ছা গ্রহণ করুন !	Accept my Id greetings! (এ্যাকসেপ্ট মাই ঈদ গ্রীটিংস)
07. আমন্ত্রণের জন্য ধন্যবাদ !	Thanks for invitation. (থ্যাঙ্কস ফর ইন্‌ভিটেশন)
08. শুভ কামনার সঙ্গে !	With best wishes! (উইথ বেস্ট উইশেজ)
09. দয়া করে আমার বাড়ী আসুন।	Please come to my house. (প্লীজ কাম টু মাই হাউস)
10. আমি কি আপনার পদের পরিচয় পেতে পারি ?	May I know your designation? (মে আই নো ইয়োর ডেজিগনেশন ?)
11. দয়া করে সভাপতির পদ গ্রহণ করুন।	Please take the chair of the president. (প্লীজ টেক দ্য চেয়ার অফ্ দ্য প্রেসিডেন্ট)

12. আমি আপনাকে কৃতজ্ঞতা জ্ঞাপন করি।	I acknowledge your obligation. (আই এ্যাকনলেজ ইয়োর অবলিগেশন)
13. আমি আপনার কাছে কৃতজ্ঞ।	I'm grateful to you (আই এ্যাম গ্রেটফুল টু য়ু)
14. পদোন্নতিতে অভিনন্দন।	Felicitations on promotion. (ফেলিসিটেশন্স অন্ প্রমোশন)
15. তাঁকে আমার শুভ কামনা-জানাবেন।	Give my good wishes to him. (গিভ মাই গুড উইশেজ টু হিম)
16. মীরাকে আমার কথা স্মরণ করাবে।	Remember me nicely to Meera. (রিমেমবার মী নাইসলি টু মীরা)
17. আপনার জন্মদিনের আন্তরিক অভিনন্দন।	Hearty congratulations on your birth day. (হার্টি কন্‌গ্রাচুলেশন্স অন্ ইয়োর বার্থডে)
18. এই শুভ দিন বার বার আসুক।	Many happy returns of the day. (মেনী হ্যাপী রিটার্নস অফ্ দ্য ডে)
19. এত সুন্দর উপহারের জন্য ধন্যবাদ।	Thanks for such a beautiful present. (থ্যাঙ্কস ফর সাচ এ বিউটীফুল প্রেজেন্ট)
20. সৌজন্য প্রকাশে কোন খরচ নেই।	Courtesy costs nothing. (কার্টসি কস্টস নাথিং)
21. সে অত্যন্ত নম্র।	He is a very courteous. (হী ইজ ভেরী কার্টিয়াস)
22. আমি আপনার কাছে সাহায্য প্রার্থনা করি।	I entreat you for help. (আই এনট্রিট য়ু ফর হেল্প)
23. ভগবান করুন, এমন যেন না হয়।	God forbid it. (গড ফরবিড্ ইট)
24. আমি আপনার কাছেই খুবই ঋণী।	I'm very much indebted to you. (আই এ্যাম ভেরী মাচ ইনডেটেড টু য়ু)
25. ভগবানকে অনেক ধন্যবাদ।	Many-many thanks to God (মেনী-মেনী থ্যাঙ্কস টু গড)

18

গৃহ এবং পরিজন

HOME AND FAMILY (হোম এ্যাণ্ড ফ্যামিলি)

01. এইটি আমাদের আবাস।	This is our home. (দিস্ ইজ আওয়ার হোম)
02. আবাস একটি ভাবনার নাম।	Home is the name of a feeling. (হোম ইজ দ্য নেম অফ্ এ ফীলিং)
03. ইট আর পাথরের তৈরী অট্টালিকাকে আবাস বলে না।	The building made of bricks and stones is not a home. (দ্য বিল্ডিং মেড অফ্ ব্রীক্স এ্যাণ্ড স্টোনস ইজ নট এ হোম)
04. বাড়ী এবং অবাসে পার্থক্য আছে।	There is a difference between a house and a home. (দেয়ার ইজ এ ডিফারেন্স বিট্যুইন এ হাউস এ্যাণ্ড এ হোম)
05. বহু লোক বাড়ীতে থাকে, কিন্তু আবাসে নয়।	Many people live in houses, not in homes. (মেনী পিপল লিভ ইন্ হাউসেজ, নট ইন্ হোমস)
06. আবাস হল সুখ আর শান্তির উৎস।	Home is a source of peace and happiness. (হোম ইজ এ সোর্স অফ পীস এ্যাণ্ড হ্যাপীনেস)
07. যেখানেই যান না কেন, আবাসই শ্রেষ্ঠ।	East or west, home is the best. (ইস্ট অর ওয়েস্ট, হোম ইজ দ্য বেস্ট)
08. আবাস সকলকে একত্রে জুড়ে রাখে।	Home connects all with one another. (হোম কানেক্টস অল উইথ ওয়ান এ্যানাদার)

09.	এই একতার ভাবনাই পরিবারের ভিত্তি।	This sense of oneness is the basis of family. (দিস সেন্স অফ্ ওয়াননেস ইজ দ্য বেসিস অফ্ ফ্যামিলি)
10.	আবাসই শিশুদের প্রথম পাঠশালা।	Home is the first school for children. (হোম ইজ দ্য ফার্স্ট স্কুল ফর চিল্ড্রেন)
11.	আবাস হল স্নেহ আর ভালবাসার প্রতীক।	Home is a thing of love and affection. (হোম ইজ এ থিং অফ্ লাভ এ্যাণ্ড এ্যাফেকশন)
12.	এখন পরিবার ক্রমশঃ ছোট হয়ে পড়ছে।	Now, the families are becoming smaller. (নাউ, দ্য ফ্যামিলিজ আর বিকামিং স্মলার)
13.	সে ভাড়া বাড়ীতে থাকে।	He lives in a rented house. (হী লিভস্ ইন্ এ রেন্টেড হাউস)
14.	ঐ বাড়ীটা ভাড়া দেওয়া হবে।	That house is to let. (দ্যাট হাউস ইজ টু লেট)
15.	আমরা একটি ছোট বাড়ী ভাড়া নিয়েছি।	We have rented a small house. (উই হ্যাভ রেন্টেড এ স্মল হাউস)
16.	ওরা সরকারী কোয়ার্টারে থাকে।	They live in a government quarters. (দে লিভ ইন্ এ গভর্নমেন্ট কোয়ার্টার্স)
17.	আপনার পরিবারে কতজন লোক আছে ?	How many members are there in your family? (হাউ মেনী মেম্বার্স আর দেয়ার ইন্ ইয়োর ফ্যামিলি ?)
18.	আপনার ভাই-বোন ক'জন ?	How many brothers and sisters have you? (হাউ মেনী ব্রাদার্স এ্যাণ্ড সিস্টার্স হ্যাভ য়ু ?)

19. আপনার পিতা কি করেন ?	What's is your father doing? (হোয়াট ইজ ইয়োর ফাদার ?)
20. আমি আপনার দাদাকে চিনি।	What's is your elder brother. (আই নো ইয়োর এল্ডার ব্রাদার)
21. আপনার মায়ের স্বাস্থ্য কি ভাল যাচ্ছে না ?	Has your mother been not keeping well? (হ্যাজ ইয়োর মাদার বীন নট কীপিং ওয়েল ?)
22. ওঁর সন্তানাদি ক'জন ?	How many children has he? (হাউ মেনী চিল্ড্রেন হ্যাজ হী ?)
23. উনি বালবিধবা।	She is a widow from childhood. (শী ইজ এ উইডো ফ্রম চাইল্ডহুড)
24. তিনি কত দিন বিপত্নীক ?	Since when has he been a widower? (সিন্স হোয়েন হ্যাজ হী বীন এ উইডোয়ার ?)
25. গৃহসজ্জাও একটি শিল্পকলা।	Home decoration is also an art. (হোম ডেকোরেশন ইজ অলসো এ্যান আর্ট)
26. পাপিয়া একজন দক্ষ গৃহকর্ত্রী।	Papiya is an expert house-wife. (পাপিয়া ইজ এ্যান এক্সপার্ট হাউস-ওয়াইফ)
27. ঝাড়ু দিয়ে উঠোন ঝাঁট দাও।	Sweep the courtyard with the broom. (সুইপ দ্য কোর্টইয়ার্ড উইথ দ্য ব্রুম)
28. রোদে কাপড় মেলে দাও।	Spread the clothes in the sun. (স্প্রেড দ্য ক্লোদস ইন দ্য সান)
29. আমার জন্য বিছানা করো।	Make the bed for me. (মেক দ্য বেড ফর মী)
30. নিঃসঙ্গ জীবনে আমি অতিষ্ঠ হয়ে উঠেছি।	I'm fed up with lonely life. (আই এ্যাম ফেড আপ উইথ লোনলী লাইফ)

31. আপনার কাকা কি ভেতরে আছেন ?	Is your uncle in? (ইজ ইয়োর আঙ্কল ইন্ ?)
32. তাঁকে খুব বয়স্ক দেখায়।	He looks very aged. (হী লুক্স ভেরী এজেড)
33. সহেলী আপনার কে হয় ?	What's Saheli to you? (হোয়াট সহেলী টু য়ু ?)
34. আমার সঙ্গে কি কেউ দেখা করতে এসেছিল ?	Did any one come to see me? (ডিড এনিওয়ান কাম টু সী মী ?)
35. দেখ, কে দরজা খট্‌খট্ করছে ?	See, who is knocking at the door? (সী, হু ইজ নকিং এ্যাট দ্য ডোর ?)
36. মা, আপনি এখনো জেগে আছেন ?	Mother, you are still awake? (মাদার, য়ু আর স্টিল এ্যাওয়েক ?)
37. দু বোন গল্প করছিল।	Both the sister were gossiping. (বোথ দ্য সিস্টার্স ওয়ার গসিপিং)
38. তুমি কিছুক্ষণ বিশ্রাম কর।	You take rest for a while. (য়ু টেক রেস্ট ফর এ হোয়াইল)
39. দয়া করে ওকে ফোন করুন।	Please ring him up. (প্লিজ রিং হিম আপ)
40. চাকরানী ছুটিতে আছে।	The maid-servant is on leave. (দ্য মেড-সার্ভেন্ট ইজ অন্ লীভ)
41. তুমি বাসনগুলি মেজে দাও।	You clean the utensils. (য়ু ক্লীন দ্য ইউটেনসিল্স)
42. নেশার বস্তু থেকে দূরে থাক।	Abstain from narcotics. (এ্যাবস্টেন ফ্রম নারকোটিকস)
43. তিনি মায়ের কাছে গেছেন।	She has gone to her mother's house. (শী হ্যাজ গন টু হার মাদার্স হাউস)

19
আমরা এবং আবহাওয়া
WE AND WEATHER (উই এ্যাণ্ড ওয়েদার)

01. আজ খুবই গরম।	It's very sultry today. (ইটস্ ভেরী সালট্রি টুডে)
02. শৈত্য প্রবাহ আরও দু দিন থাকবে।	The cold wave will last two more days. (দ্য কোল্ড ওয়েভ উইল লাস্ট টু মোর ডেজ)
03. বৃষ্টি হবার খুব সম্ভাবনা।	It is likely to rain. (ইট ইজ লাইকলি টু রেন)
04. ভারত মৌসুমী বায়ুর দেশ।	India is a country of monsoon. (ইণ্ডিয়া ইজ এ কান্ট্রি অফ্ মনসুন)
05. পশ্চিমা হাওয়া বইছে।	The west wind is blowing. (দ্য ওয়েস্ট উইণ্ড ইজ ব্লোইং)
06. শিলাবৃষ্টি হওয়ার সম্ভাবনা আছে।	There is a possibility of a hailstorm. (দেয়ার ইজ এ পসিবিলিটি অফ হেল স্টর্ম)
07. বসন্তে আমের বোল হয়।	The mango bloom in spring. (দ্য ম্যাঙ্গো ব্লুম ইন্ স্প্রিং)
08. দেখো, কোকিল গাইছে।	See, the Cuckoo is singing. (সী, দ্য কুকু ইজ সিঙ্গিং)
09. আকাশ মেঘাচ্ছন্ন থাকবে।	The sky will remain over cast. (দ্য স্কাই উইল রিমেন ওভারকাস্ট)
10. লু বইছে, তোমার মাথা ঢাক।	Hot wave is blowing, cover your head. (হট ওয়েভ ইজ ব্লোইং, কভার ইয়োর হেড)
11. ঋতু আমাদের প্রভাবিত করে।	Seasons affect us. (সীজন্স এ্যাফেক্ট আস)
12. হোলি বসন্তের উৎসব।	Holi is the festival of spring. (হোলি ইজ দ্য ফেস্টিভাল অফ্ স্প্রিং)

13. মাঘ মেলা শুরু হয়েছে।	Magh fair has started. (মাঘ ফেয়ার হ্যাজ স্টার্টেড)
14. তিনি আবহাওয়া বিভাগে কাজ করেন।	He is employed in meteorological department. (হী ইজ এমপ্লয়েড ইন্ মেটেরোলোজিকাল ডিপার্টমেন্ট)
15. আবহাওয়ার পূর্বাভাষ শোন।	Listen the weather forecast. (লিসন দ্য ওয়েদার ফোরকাস্ট)
16. গরম কাল আমার সহ্য হয় না।	The summer season does not suit me. (দ্য সামার ডাজ নট স্যুট মী)
17. সে শরতকালের ছুটিতে আসবে।	He will come in autumn break. (হী উইল কাম ইন্ অটাম ব্রেক)
18. সবাই বর্ষার জন্য অপেক্ষা করছে।	All are waiting for rains. (অল আর ওয়েটিং ফর রেনস)
19. স্ত্রীলোকেরা রোদ পোহাচ্ছিল।	The women were basking in the sun. (দ্য উইমেন ওয়ার বাস্কিং ইন্ দ্য সান)
20. ভিক্ষুকটি শীতে কাঁপছিল।	The beggar was shivering with cold. (দ্য বেগার ওয়াজ শিভারিং উইথ কোল্ড)
21. তিনি সর্দি-গর্মিতে ভুগছিলেন।	He has been suffering from heat stroke. (হী হ্যাজ বীন সাফারিং ফ্রম হীট স্ট্রোক)
22. নীলু বৃষ্টিতে পুরো ভিজে গেছিল।	Neelu got drenched in rain. (নীলু গট ড্রেঞ্চড্ ইন্ রেন)
23. মেঘ গর্জন করছে।	The clouds are thundering. (ক্লাউডস আর থাণ্ডারিং)
24. মনে হয় বাজ পড়েছে।	It seems lightning has struck. (ইট সীমস লাইট্নিং হ্যাজ স্ট্রাক)

20

অবসরের সময়

MOMENTS OF LEISURE (মোমেন্টস অফ্ লেজার)

01. আপনি কি খেলেন ?	Which game do you play? (হুইচ গেম ডু য়ু প্লে ?)
02. আমি ফুটবল ভালবাসি।	I'm fond of football. (আই'ম ফণ্ড অফ্ ফুটবল)
03. আসুন, আমরা ক্রিকেট খেলি।	Come, let us play cricket. (কাম, লেট আস প্লে ক্রিকেট)
04. তিনি দাবা খেলতে জানেন।	He knows how to play chess. (হী নোজ হাউ টু প্লে চেস)
05. আজ আমার অবসর আছে।	I'm at leisure today. (আই'ম এ্যাট লেজার টুডে)
06. অবসর সময়ে এসো।	Come in leisure. (কাম ইন্ লেজার)
07. ওরা ঘুড়ি ওড়াচ্ছে।	They are flying kites. (দে আর ফ্লাইং কাইটস)
08. আপনার কি চোট লেগেছে ?	Are you hurt? (আর য়ু হার্ট ?)
09. আমাদের দল এক ইনিংসে জিতেছে।	Our team won by an innings. (আওয়ার টীম ওন বাই এ্যান ইনিংস)
10. সিনেমা মনোরঞ্জনের এক ভালো সাধন।	Cinema is a good source of entertainment. (সিনেমা ইজ এ গুড সোর্স অফ্ এন্টারটেনমেন্ট)
11. সে গান করতে ভালোবাসে।	She is fond of singing. (শী ইজ ফণ্ড অফ্ সিঙ্গিং)
12. এসো, আমরা এক হাত দাবা খেলি।	Come, let us have a round of chess. (কাম, লেট আস হ্যাভ এ রাউণ্ড অফ চেস)
13. তিনি নানা প্রকার তাস খেলা জানেন।	He knows many card-games. (হি নোজ মেনী কার্ড গেমস)
14. ম্যাচটি অমীমাংসিত ভাবে শেষ হয়েছে।	The match ended in a draw. (দি ম্যাচ এণ্ডেড ইন্ এ ড্র)
15. কে জিতল ?	Who won? (হু ওন্ ?)

16.	তিনি পরপর অনেকগুলি বাউণ্ডারী মেরেছেন।	He hits many consecutive boundaries. (হী হিটস মেনী কনজিক্যুটিভ বাউণ্ডারীজ)
17.	ঘোড়ায় চড়া একটি ভালো শখ।	Riding is a good hobby. (রাইডিং ইজ এ গুড হবি)
18.	ভালো ভাবে না মিশিয়ে তাস বাটবে না।	Don't deal cards without shuffling well. (ডোণ্ট ডীল কার্ডস উইদাউট শাফলিং ওয়েল)
19.	সে লম্বা লাফে প্রথম হয়েছিল।	He was first in long jump. (হী ওয়াজ ফার্স্ট ইন্ লং জাম্প)
20.	দর্শকেরা হাততালি দিয়েছিল।	The spectators clapped. (দ্য স্পেকটেটার্স ক্ল্যাপড)
21.	জলি একজন প্রসিদ্ধ দৌড়বাজ।	Jolly is a famous sprinter. (জলি ইজ এ ফেমাস স্প্রিন্টার)
22.	চলো বাজি রইল।	Come on the bet. (কাম অন্ দ্য বেট)
23.	বাগান করা ওর শখ।	Gardening is his hobby. (গার্ডেনিং ইজ হিজ হবি)
24.	তিনি কাজ থেকে বিশ্রাম পান না।	He has no rest from work. (হী হ্যাজ নো রেস্ট ফ্রম ওয়ার্ক)
25.	জুয়া খেলা এক অপরাধ।	Gambling is an offence. (গ্যাম্বলিং ইজ এ্যান অফেন্স)
26.	তুমি অলস বসে আছ কেন ?	Why are you sitting idle? (হোয়াই আর য়ু সীটিং আইডল ?)
27.	আমরা একটা ক্লাব গড়েছি।	We have formed a club. (উই হ্যাভ ফর্মড্ এ ক্লাব)
28.	তুমি আমাদের ক্লাবে যোগ দিচ্ছ না কেন ?	Why don't you join our club? (হোয়াই ডোণ্ট য়ু জয়েন আওয়ার ক্লাব ?)
29.	তুমি কি শুধু গল্পই করবে, না কিছু কাজও করবে ?	Would you do some work or go on gossiping? (উড য়ু ডু সাম ওয়ার্ক অর গো অন্ গসিপিং ?)
30.	স্টেডিয়ামে তিল ধারণের জায়গা ছিল না।	The stadium was packed to capacity. (দ্য স্টেডিয়াম ওয়াজ প্যাকড্ টু ক্যাপাসিটি)

31. বাচ্চারা লুকোচুরি খেলছে।	The children are playing hide and seek. (দ্য চিল্ড্রেন আর প্লেইং হাইড এ্যাণ্ড সীক)
32. অভিনয় করা তার শখ।	His hobby is acting. (হিজ হবি ইজ এ্যাক্টিং)
33. এখানে পুতুল নাচ হবে।	A puppet show will be held there. (এ পাপেট শো উইল বী হেল্ড হিয়ার)
34. জীবন নাটক দেখতে গিয়েছে।	Jeevan has gone to see a play. (জীবন হ্যাজ গন টু সী এ প্লে)
35. হরিশ কাবাডির চ্যাম্পিয়ন।	Harish is a Kabaddi champion. (হরিশ ইজ এ কাবাডি চ্যাম্পিয়ন)
36. সে আমাদের দলের ক্যাপ্টেন।	He is captain of our team. (হী ইজ দ্য ক্যাপ্টেন অফ্ আওয়ার টীম)
37. করিম শ্রেষ্ঠ হকি খেলোয়াড়।	Karim is the best hockey player. (করিম ইজ দ্য বেস্ট হকি প্লেয়ার।)

21

সাবধানতা ও সংকেত

CAUTIONS AND SIGNALS (কশ্যানস এ্যাণ্ড সিগনালস)

01. রাস্তার মাঝখান দিয়ে হাঁটা বিপজ্জনক।	It's dangerous to walk on a road. (ই ইজ ডেঞ্জারাস টু ওয়াক অন্ এ রোড)
02. চলন্ত বাসে উঠবে না।	Don't board the running bus. (ডোন্ট বোর্ড দ্য রানিং বাস)
03. বিনা টিকিটে ভ্রমণ করা অপরাধ।	It's a crime to travel without ticket. (ইটস্ এ ক্রাইম টু ট্রাভেল উইদাউট টিকেট)
04. মহিলাদের বসতে দিন।	Give seats to ladies. (গিভ সীটস টু লেডিজ)
05. রাস্তা পার হওয়ার সময় ডানে-বাঁয়ে দেখে নিন।	Look to left and right while you cross the road. (লুক টু লেফট এ্যাণ্ড রাইট হোয়াইল য়্যু ক্রস দ্য রোড)

06. সর্বদা বাঁ দিক দিয়ে চলুন।	Always keep to the left. (অলওয়েজ কীপ টু দ্য লেফ্ট)
07. আস্তে চালানো মানে নিরাপদে চালানো।	Slow driving, safe driving. (স্লো ড্রাইভিং, সেফ ড্রাইভিং)
08. এখানে গাড়ী দাঁড় করাবেন না।	No parking here. (নো পার্কিং হিয়ার)
09. ঘাসের ওপর দিয়ে হাঁটবেন না।	Keep off the grass. (কীপ অফ্ দ্য গ্রাস)
10. ফুল এবং পাতা ছেঁড়া নিষেধ।	Plucking of flowers and leaves is prohibited. (প্লাকিং অফ্ ফ্লাওয়ারস এ্যাণ্ড লীভস আর প্রহিবিটেড)
11. ভারী যান চলার অনুমতি নেই।	Heavy vehicles are not allowed. (হেভি ভেহিকলস্ আর নট এ্যালাউড)
12. বিপদের সময় চেন টানুন।	In case of danger pull the chain. (ইন্ কেস অফ্ ডেঞ্জার পুল দ্য চেন)
13. সামনে বিপজ্জনক মোড় আছে।	Dangerous curve ahead. (ডেঞ্জারাস কার্ভ এ্যাহেড)
14. এটা সাধারণের রাস্তা নয়।	No throughfare. (নো থরোফেয়ার)
15. কুকুর হইতে সাবধান।	Beware of the dogs. (বীওয়্যার অফ্ ডগস)
16. সামনে রাস্তা বন্ধ।	Road blocked ahead. (রোড ব্লকড এ্যাহেড)
17. অনুমতি ছাড়া প্রবেশ নিষেধ।	Not entry without permission. (নো এন্ট্রি উইদাউট পার্মিশন)
18. পাদানিতে চড়ে ভ্রমণ করবেন না।	Don't travel on the footboard. (ডোণ্ট ট্রাভেল অন দ্য ফুটবোর্ড)
19. বিজ্ঞাপন মারিবেন না।	Stick no bills. (স্টিক নো বিলস্)
20. ধূম্রপান নিষেধ।	Smoking is prohibited. (স্মোকিং ইজ প্রোহিবিটেড)
21. ব্রীজের ওপর দিয়ে পার হোন।	Use the bridge to cross over. (ইউজ দ্য ব্রীজ টু ক্রস ওভার)
22. পকেটমার হতে সাবধান।	Beware of the pickpockets. (বীওয়্যার অফ্ পিকপকেটস)
23. আপনাদের সহায়তার জন্য আমাদের সহায়তা করুন।	Help us to help you. (হেল্প আস টু হেল্প ইউ)

22

বাজার এবং কেনাকাটা

MARKET AND SHOPPING (মার্কেট এ্যাণ্ড শপিং)

01. আমি বাজার যেতে বাধ্য হয়েছিলাম।	I was obliged to go to bazaar. (আই ওয়াজ অবলাইজড টু গো টু মার্কেট)
02. ওতে আমার দু-তিন ঘন্টা লেগেছে।	It took my two-three hours. (ইট টুক মাই টু-থ্রী আওয়ার্স)
03. শুনেছি আপনি স্কুটার কিনছেন।	I have heard you are going to buy a scooter. (আই হ্যাভ হার্ড য়ু আর গোয়িং টু বাই এ স্কুটার)
04. কি ব্যাপার, এত দাম !	What's the matter, so much price. (হোয়াটস দ্য ম্যাটার, সো মাচ প্রাইস !)
05. আপুনি মানুন বা না মানুন, সংসার চালানো মুশ্কিল হয়ে উঠেছে।	You may agree or not, it is becoming difficult to manage. (য়ু মে এগ্রী অর নট, ইট ইজ বিকামিং ডিফিকাল্ট টু ম্যানেজ)
06. এখনও কি কোন কাজ বাকী আছে ?	Is something remain to be done yet? (ইজ সামথিং রিমেন্স বী ডান ইয়েট ?)
07. বেশ, এর জন্য আপনাকে কত দিতে হবে ?	Well, how much will you charge for it? (ওয়েল, হাউ ম্যাচ উইল য়ু চার্জ ফর ইট ?)
08. আপনার যা খুশী দিন।	Give whatever you please. (গিভ হোয়াটেভার য়ু প্লীজ)
09. আপনি কত দিতে চান ?	How much do you want to pay? (হাউ ম্যাচ য়ু ওয়ান্ট টু পে ?)
10. আমি কিছু বই কেনার পর টাকা কম পড়ে গিয়েছিল।	I bought some books and ran short of money. (আই বট সাম বুক্স এ্যাণ্ড র‍্যান শর্ট অফ মানী)

11. তুমি কি নিশ্চিত যে, তুমি বেশী দাও নি ?	Are you sure you have not paid much? (আর য়ু শিওর য়ু হ্যাভ নট পেড মাচ ?)
12. সে আমাকে 50 পয়সা কম দিয়েছে।	He gave me fifty paise short. (হী গেভ মী ফিফ্‌টি পয়সে শর্ট)
13. তোমার কত টাকা কম পড়ছে ?	By how much money are you short? (বাই হাউ মাচ মানী আর য়ু শর্ট ?)
14. আমার দশ টাকা কম পড়ছে।	I am short by ten rupees. (আই এ্যাম শর্ট বাই টেন রুপীজ)
15. লোক বিদেশী জিনিষের জন্য পাগল।	People are crazy after foreign things. (পীপল আর ক্রেজী আফটার ফরেন থিংস)
16. সমস্ত ঘড়ি সঙ্গে-সঙ্গে বিক্রী হয়েছে।	All the watches found a ready sale. (অল্ দ্য ওয়াচেজ ফাউণ্ড এ রেডী সেল)
17. এই বাড়ী বিক্রী হবে।	This house is for sale. (দিস হাউস ইজ ফর সেল)
18. এই মালের কোন বিক্রী নেই।	There is no sale for these goods. (দেয়ার ইজ নো সেল ফর দিজ গুডস)
19. আলু সস্তায় বিক্রী হচ্ছে।	Potato is selling cheap. (পট্যাটো ইজ সেলিং চীপ)
20. যাবার সময় মুদির দোকান হয়ে যেও।	Call at the grocer's on the way. (কল এ্যাট দ্য গ্রসার্স অন্ দ্য ওয়ে)
21. এ তো ভেজাল দুধ।	This is adulterated milk. (দিস ইজ এ্যাডালটারেড মিল্ক)
22. আমি ধারে জিনিস কিনি না।	I do not buy things on credit. (আই ডু নট বাই থিংস অন ক্রেডিট)
23. এই জুতো জোড়া আমার টাইট হয়।	This pair of shoes fits me tight. (দিস পেয়ার অফ্ শুজ ফিটস মী টাইট)
24. পঞ্চাশ টাকায় এই টী সেট সস্তা।	This tea set is cheap for fifty rupees. (দিস টী সেট ইজ চীপ ফর ফিফ্‌টি রুপীজ)
25. উচিত দাম নিন।	Charge a reasonable rate. (চার্জ এ রিজনেবল রেট)

12. সে এখন বয়ঃপ্রাপ্ত হয়েছে।	He has now come of age. (হী হ্যাজ নাউ কাম অফ্ এজ)
13. যৌবন জীবনের বসন্তকাল।	Youth is the spring of life. (ইউথ ইজ দ্য স্প্রিং অফ্ লাইফ)
14. সে কুড়ি বছরের যুবতী।	She is a young lady of twenty. (শী ইজ এ ইয়ং লেডী অফ্ টোয়েন্টি)
15. দেশের আশা যুবক সম্প্রদায়ের ওপর নির্ভরশীল।	The country's hopes rests on the young generation. (দ্য কান্ট্রিজ হোপস্ রেস্টস অন্ দ্য ইয়ং জেনারেশন)
16. তাকে তার বয়সের চেয়ে কম দেখায়।	He looks younger than his age. (হী লুক্স ইয়ঙ্গার দ্যান হিজ এজ)
17. যৌবন গান আর হাসিতে ভরপুর।	Youth is full of song and laughter. (ইউথ ইজ ফুল অফ্ সং এ্যাণ্ড লাফ্টার)
18. যুবক হওয়া স্বর্গে থাকার শামিল।	To be young is to be in heaven. (টু বী ইয়ং ইজ টু বী ইন্ হেভন)
19. তিনি খুব তাড়াতাড়ি বুড়ো হয়ে যাচ্ছেন।	He is aging fast. (হী ইজ এজিং ফাস্ট)
20. তিনি আয়ুর শেষ প্রান্তে।	His days are numbered. (হিজ ডেজ আর নাম্বার্ড)
21. যৌবন কোন নীতি মানে না।	Youth knows no reason. (ইউথ নোজ নো রীজন)
22. সে ভরপুর যৌবনে মারা গেছে।	He died in the prime of Youth. (হী ডায়েড ইন্ দ্য প্রাইম অফ্ ইউথ)
23. তাঁর এখন পড়ন্ত যৌবন।	He is in his declining youth. (হী ইজ ইন্ হিজ ডিক্লাইনিং ইউথ)
24. দীর্ঘকালীন রোগ তাঁকে বৃদ্ধ করে দিয়েছে।	Long illness has made him/her old. (লং ইলনেস হ্যাজ মেড হিম/হার ওল্ড)
25. বার্দ্ধক্য অভিশাপ নয়।	Old age is not a curse. (ওল্ড এজ ইজ নট এ কার্স)
26. সময় সবার ওপরেই তার পদচিহ্ন রেখে যায়।	Time leaves its foot print on all. (টাইম লীভস ইটস ফুট প্রিন্ট অন্ অল)
27. বার্দ্ধক্য কি ভয়ের বস্তু?	Is Old age a thing to be afraid of? (ইজ ওল্ড এজ এ থিং টু বী এ্যাফ্রেড অফ?)

28. বৃদ্ধদের দেখাশোনা করা আমাদের কর্তব্য। — Care of the old is our duty. (কেয়ার অফ্ দ্য ওল্ড ইজ আওয়ার ডিউটি)

29. বৃদ্ধেরা দেশের বরিষ্ঠ নাগরিক। — Old people are senior citizens of the country. (ওল্ড পীপল আর সীনিয়র সিটিজেন্স অফ্ দ্য কান্ট্রি)

30. বার্দ্ধক্যে চুল পাকে এবং পড়ে যায়। — Hair turns white and fall in old age. (হেয়ার টানর্স হোয়াইট এ্যাণ্ড ফল ইন্ ওল্ড এজ)

31. তিনি চুলে কলপ দেন। — He dyes his hair. (হি ডাইজ হিজ হেয়ার)

32. আপনি কোন্ কলপ ব্যবহার করেন। — Which hair-dye do you use? (হুইচ হেয়ার-ডাই ডু য়ু ইউজ?)

24

আহার্য ও বেশভূষা

DRESS AND FOOD (ফুড এ্যাণ্ড ড্রেস)

01. আমি সাদাসিধে পোশাক ভালবাসি। — I like simple dress. (আই লাইক সিম্পল ড্রেস)

02. তুমি মানানসই পোশাক পরতে জানো না। — You don't know how to dress well. (য়ু ডোন্ট নো হাউ টু ড্রেস ওয়েল)

03. এই পোশাকে তোমাকে খুব ফিটফাট দেখাচ্ছে। — You look very smart in this dress. (য়ু লুক ভেরী স্মার্ট ইন দিস ড্রেস)

04. ঐ ছাত্রটি ইউনিফর্ম পরে নি। — That student was not in uniform. (দ্যাট স্টুডেন্ট ওয়াজ নট ইন ইউনিফর্ম)

05. আমি তৈরী পোশাক কিনেছি। — I have bought ready-made garments. (আই হ্যাভ বট রেডিমেড গারমেন্টস)

06. বিদেশেও শাড়ী খুব জনপ্রিয়।	Sari is popular in foreign also. (শাড়ী ইজ পপুলার ইন্ ফরেন অলসো)
07. সে পাঠানের ছদ্মবেশে পালিয়েছিল।	He escaped in the guise of Pathan. (হী এসকেপড্ ইন্ ডিসগাইজ অফ্ এ পাঠান)
08. সে কেতাদুরস্ত পোশাক ভালোবাসে।	He is fond of fashionable clothes. (হী ইজ ফণ্ড অফ্ ফ্যাশানেবল ক্লোদস)
09. আমি জাঁকজমক আর প্রদর্শনে বিশ্বাস নই।	I don't believe in pomp and show. (আই ডোন্ট বিলীভ ইন্ পম্প এ্যাণ্ড শো)
10. রেশমী কাপড় বেশী দিন টেঁকে।	Silken cloth wears long. (সিল্কেন ক্লথ লাস্টস লং)
11. আসল রেশমের শাড়ীটি কোথা থেকে কিনেছেন ?	Where did you buy this pure silk sari? (হোয়্যার ডিড য়্যু বাই দিস পিওর সিল্ক শাড়ী ?)
12. ফ্যাশন আসা-যাওয়া করে।	Fashions come and go. (ফ্যাশনস কাম এ্যাণ্ড গো)
13. এই শার্টটি আঁটো।	This shirt is tight fit. (দিস শার্ট ইজ টাইট ফিট)
14. গরমের সময় ঢিলেঢালা পোশাক ভালো।	Loose dresses are good in summer. (লুজ ড্রেসেজ আর গুড ইন্ সামার)
15. এই কাপড় বেশী দিন টিকবে।	This cloth will last long. (দিস ক্লথ উইল লাস্ট লং)
16. তাদের জীবন যাপনের মান উন্নত।	Their standard of living is good. (দেয়ার স্ট্যাণ্ডার্ড অফ্ লিভিং ইজ গুড)
17. ওদের সঙ্গে আমাদের সামাজিক সম্পর্ক নেই।	We have no social relationship with them. (উই হ্যাভ নো সোশ্যাল রিলেশনশিপ উইথ দেম)
18. দুধ টকে গেছে।	The milk has turned sour. (দা মিল্ক হ্যাজ টার্নড সাওয়ার)

19. একটি ডিমের অমলেট বানাও। Make omelet of an egg. (মেক অমলেট অফ্ এ্যান এগ)

20. এক কাপ চা দাও। Give me a cup of tea. (গিভ মী এ কাপ অফ্ টী)

21. আমি চায়ের থেকে দুধ পছন্দ করি। I prefer milk to tea. (আই প্রেফার মিল্ক টু টী)

22. চা একটি জনপ্রিয় পানীয়। Tea is a popular drink. (টী ইজ এ পপুলার ড্রিংক)

23. আরও বেশী সবুজ সব্জী খাও। Eat more green vegetables. (ইট মোর গ্রীন ভেজিটেবল্স)

24. দুধ একটি সম্পূর্ণ খাদ্য। Milk is a perfect food. (মিল্ক ইজ এ পারফেক্ট ফুড)

25. কম খাও, বেশী চিবোও। Eat less but munch well. (ইট লেস, মাঞ্চ ওয়েল)

26. বাসী খাবার খেও না। Don't eat stale food. (ডোন্ট ইট স্টেল ফুড)

27. রুটীতে ঘি মাখিয়ে নাও। Spread ghee on bread. (স্প্রেড ঘি অন্ ব্রেড)

28. ফ্রুট স্যালাড তৈরী করব কি? Should I prepare fruit salad? (শুড আই প্রীপেয়ার ফ্রুট স্যালাড?)

29. স্লাইসের ওপর মাখন মাখাও। Butter the slice. (বাটার দ্য স্লাইস্)

30. আপনার খাবার দেওয়া হয়েছে। Your lunch has been laid. (ইয়োর লাঞ্চ হ্যাজ বীন লেড)

31. আমার খুব ক্ষিধে পেয়েছে। I am awfully hungry. (আই এ্যাম অফুলি হাংরি)

32. আপনি দুপুরের ভোজন কখন করেন? When do you take your lunch? (হোয়েন ডু য়ু টেক ইয়োর লাঞ্চ?)

33. আপনার ভিটামিনের প্রয়োজন। You need vitamins. (ইউ নীড ভিটামিন্স)

34. আমাকে আজ নিমন্ত্রণে যেতে হবে। I have to attend a banquet today. (আই হ্যাভ টু এ্যাটেণ্ড এ ব্যাঙ্কোয়েট টুডে)

25

লেনদেন এবং পেশা

DEALINGS AND OCCUPATIONS
(ডীলিংস এ্যাণ্ড অকুপেশনস)

01. আপনি কি করেন ?	What's your occupation? (হোয়াটস ইয়োর অকুপেশন ?)
02. এটি আমার উপযুক্ত পেশা।	It is a fit occupation for me. (ইট ইজ এ ফিট অকুপেশন ফর মী)
03. করিম লেনদেনে সৎ নয়।	Salim is not fair in his dealings. (করিম ইজ নট ফ্েয়ার ইন্ হিজ ডীলিংস)
04. আপনার সুদের হার বেশী।	Your rate of interest is high. (ইয়োর রেট অফ্ ইন্টারেস্ট ইজ হাই)
05. কাউন্টারে কেউ নেই।	There was nobody on the counter. (দেয়ার ইজ নোবডি অন্ দ্য কাউন্টার)
06. সে পেশাতে দর্জি।	He is tailor by profession. (হী ইজ টেলার বাই প্রফেশন)
07. আমায় এক টাকার খুচরা দিন।	Give me change for a rupee. (গিভ মী চেঞ্জ ফর এ রুপী)
08. তুমি অচল মুদ্রাটি কি ভাবে চালালে ?	How did you pass off the base coin? (হাউ ডিড য়ু পাস অফ্ দ্য বেস কয়েন ?)
09. সে একটি জাল নোট দিচ্ছিল।	He was giving a counterfeited note. (হী ওয়াজ গিভিং এ কাউন্টারফিটেড নোট)
10. এটি একটি জাল দলিল।	It is a forged document. (ইট ইজ এ ফর্জড ডক্যুমেন্ট)
11. আমি দর কষাকষি পছন্দ করি না।	I do not believe in haggling. (আই ডু নট বিলিভ ইন্ হ্যাগলিং)
12. আজকাল সোনার দর কত ?	What is the rate of gold these days? (হোয়াট ইজ দ্য রেট অফ্ গোল্ড দিস ডেজ ?)

13. কাউন্টার ছাড়ার পূর্বে টাকা ঠিকমত গুনে নিন।	Count your money carefully before you leave the counter. (কাউন্ট ইয়োর মানী কেয়ারফুলি বীফোর য়ু লীভ দ্য কাউন্টার)
14. বিক্রীত মাল ফেরত নেওয়া হয় না।	Goods once sold will not be taken back. (গুডস ওয়ান্স সোল্ড উইল নট বী টেকন ব্যাক)
15. আজকাল বাজার মন্দা চলছে।	The market is dull now-a-days. (দ্য মার্কেট ইজ ডাল নাউ-এ-ডেজ)
16. আপনি আমায় কত ধার দিতে পারেন ?	How much money can you lend me? (হাউ মাচ মানী ক্যান য়ু লেণ্ড মী ?)
17. বিনা দ্বিধায় এতে টাকা নিবেশ করুন।	Invest money in this without any hesitation. (ইনভেস্ট মানী ইন্ দিস উইদাউট এনি হেজিটেশন)
18. আর চাই না, বিল আনুন।	That's all, bring the bill. (দ্যাটস অল, ব্রিং দ্য বিল)
19. তিনি কত টাকা আগাম দিয়েছেন ?	How much money has he paid as advance? (হাউ মাচ মানী হ্যাজ হী পেড এ্যাজ এ্যাডভান্স ?)
20. নিয়োগ করার পূর্বে বেতন ঠিক করে নিন।	Settle the wages before you engage. (সেটল দ্য ওয়েজেস বীফোর য়ু এনগেজ)
21. ওরা পেশাতে দালাল।	They are broker by profession. (দে আর ব্রোকার বাই প্রফেশন)
22. আজই এই চেক ভাঙিয়ে নাও।	Get this cheque encashed today. (গেট দিস চেক এনক্যাশড টুডে)
23. এটার কত দাম ?	How much is this? (হাউ মাচ ইজ দিস ?)
24. অনেক দর কষাকষির পর দাম স্থির হল।	After much haggling the bargain was struck. (আফটার মাচ হ্যাগলিং দ্য বারগেন ওয়াজ স্ট্রাক)
25. সোনা হল সেই ধূলো, যা সবাইকে অন্ধ করে।	Gold is dust, that blinds all eyes. (গোল্ড ইজ ডাস্ট, দ্যাট ব্লাইণ্ডস্ অল আইজ)

26. আপনি কি চাকরী করেন, না ব্যবসা ?	Are you in business or in service? (আর য়্যু ইন্ বিজনেস অর ইন্ সার্ভিস ?)
27. মহেশ আমদানী-রপ্তানীর ব্যবসা করে।	Mahesh is in export-import business. (মহেশ ইজ ইন্ এক্সপোর্ট-ইমপোর্ট বিজনেস)
28. সে স্টেশনারী দোকান চালায়।	He runs a stationery shop. (হী রানস এ স্টেশনারী শপ)
29. আপনার ব্যবসা কেমন চলছে ?	How are you getting on your business? (হাউ আর য়্যু গেটিং অন্ ইয়োর বিজনেস ?)
30. দাম বেড়ে যাচ্ছে।	Prices are going up. (প্রাইসেস আর গোয়িং আপ)
31. ওনারা পাইকারী ব্যবসা করেন।	They are wholesaler. (দে আর হোলসেলার)
32. পাইকারী বাজার কত দূরে ?	How far is wholesale-market? (হাউ ফার ইজ হোলসেল মার্কেট ?)
33. এর জন্য কত দাম দিয়েছেন ?	How much did you pay for it? (হাউ মাচ ডিড য়্যু পে ফর ইট ?)
34. সে শতকরা দশ শতাংশ ছাড় দেয়।	He gives ten percent rebate. (হী গিভস টেন পারসেন্ট রিবেট)
35. আমি শেয়ারে টাকা লগ্নী করছি।	I am investing money in shares. (আই এ্যাম ইনভেস্টিং মানী ইন্ শেয়ার্স)

26
অনুভূতি এবং আবেগ
FEELINGS AND EMOTIONS
(ফীলিংস এ্যাণ্ড ইমোশনস)

01. তুমি রাগ কর কেন ?	Why do you give vent to anger? (হোয়াই ডু য়ু গিভ ভেন্ট টু এ্যাঙ্গার ?)
02. সে আমাকে রাগিয়ে দিয়েছিল।	He made me angry. (হী মেড মী এ্যাংরী)
03. ঐ সময় সে তার রাগকে হজম করেছিল।	He bottled up his anger at that time. (হী বটলড্ আপ হিজ এ্যাঙ্গার এ্যাট দ্যাট টাইম)
04. তোমার স্ত্রী খুব রাগী।	Your wife is very hot tempered. (ইয়োর ওয়াইফ ইজ ভেরী হট টেম্পারড)
05. সে একজন চতুর লোক।	He is a cunning fellow. (হী ইজ এ কানিং ফেলো)
06. আমি তোমার সব দুস্কর্ম জানি।	I know all your misdeeds. (আই নো অল্ ইয়োর মিসডীডস)
07. তিনি খুব স্নেহপ্রবণ মহিলা।	She is an affectionate lady. (শী ইজ এ্যান এ্যাফেকশনেট লেডী)
08. হে পুত্র ! তুমি যুগ-যুগ জীবিত থাকো !	May you live long, my son. (মে য়ু লিভ লং, মাই সন)
09. আপনার স্নেহই আমার প্রেরণা।	Your affection is my inspiration. (ইয়োর এ্যাফেকশান ইজ মাই ইন্সপিরেশন)
10. ছোট বিষয় নিয়ে এত ঝগড়া।	So much quarrel on a trifle. (সো মাচ কোয়ার্ল অন্ এ ট্রিফল)
11. ঝগড়া-চেঁচামেচি করে লাভ ?	What's the use of wrangling? (হোয়াটস্ দ্য ইউজ অফ র‍্যাংলিং ?)
12. তাকে বাধ্য হয়ে আসতে হয়েছে।	He had to come willy-nilly (হী হ্যাড টু কাম উইলি-নিলি)
13. সে কি নিয়ে ঝগড়া করছিল ?	What did he quarrel over?

	(হোয়াট ডীড হী কোয়ার্ল ওভার ?)
14. তুমি নিজেকে ঝগড়ায় জড়িয়েছ কেন ?	Why did you involve yourself in quarrel? (হোয়াই ডীড য়ু ইন্‌ভলভ ইয়োরসেল্ফ ইন্ কোয়ার্ল ?)
15. একমাত্র বাবাই ঝগড়া মেটাতে পারেন।	Only father can make up the quarrel. (অনলি ফাদার ক্যান মেক আপ দ্য কোয়ার্ল)
16. মাম্মা তার মেজাজ নষ্ট করেছিল।	Mamma lost her temper. (মাম্মা লস্ট হার টেম্পার)
17. তুমি আমাকে জ্বালাতন করেছ।	You have pestered me. (ইউ হ্যাভ পেস্টারড মী)
18. আমি ক্ষমা চাই।	I apologise. (আই এ্যাপোলোজাইজ)
19. অনুগ্রহ করে আমায় ক্ষমা করুন।	Please, excuse me. (প্লীজ এক্সক্যুজ মী)
20. আপনাকে বিব্রত করার জন্য আমি দুঃখিত।	I'm sorry to have troubled you. (আই এ্যাম স্যরি টু হ্যাভ ট্রাবলড য়ু)
21. ভুলবশতঃ এটি হয়েছে-।	It was done inadvertantly. (ইট ওয়াজ ডান ইন্‌এ্যাডভারট্যান্টলি)
22. আমি এটি কৌতুক করে বলেছি।	I had said it in joke. (আই হ্যাড সেড ইট ইন্ জোক)
23. কোন বয়স্ক লোকের কাছে পরামর্শ নাও।	Take counsel of some elderly person. (টেক কাউন্সেল অফ্ সাম এল্ডারলী পার্সন)
24. আমি তোমার পরামর্শ চাই।	I need your advice. (আই নীড ইয়োর এ্যাডভাইস)
25. তিনি আমারও পরামর্শদাতা।	He is also my adviser. (হী ইজ অল্সো মাই এ্যাডভাইজার)
26. কোন অভিজ্ঞ ডাক্তারের পরামর্শ নাও।	Consult some expert doctor. (কনসাল্ট সাম এক্সপার্ট ডক্টর)
27. তুমি কি জন্য চিন্তিত ?	What are you worried about (হোয়াট আর য়ু ওরিড এ্যাবাউট ?)
28. এতে ভয়ের কি আছে ?	What's to be feared in this? (হোয়াটস টু বী ফীয়ার্ড ইন্ দিস ?)
29. সে আমার অনুমতি নিয়ে এটি করেছে।	He did it with my consent. (হী ডিড ইট উইথ মাই কনসেন্ট)

30. মৌনতা সম্মতির লক্ষণ। Silence shows consent. (সায়লেন্স শোজ কনসেন্ট)

31. আমার মতে সে দোষী। In my opinion, he is a culprit. (ইন্ মাই ওপিনিয়ন, হী ইজ এ কালপ্রিট)

32. চিন্তার কোন কারণ নেই। There is nothing to worry about. (দেয়ার ইজ নাথিং টু ওরি এ্যাবাউট)

27
প্রেম আর বিবাহ
LOVE AND MARRIAGE (লাভ এ্যাণ্ড ম্যারেজ)

01. প্রেমই জীবন। Love is life. (লভ্ ইজ লাইফ)

02. এটি স্বাভাবিক বটে। It is natural also. (ইট ইজ ন্যাচারল অল্সো)

03. প্রেমের অনেক রূপ আছে। Love has many forms. (লভ্ হ্যাজ মেনী ফর্মস)

04. দেশপ্রেম এদের মধ্যে একটি। Patriotism is one of them. (প্যাট্রিয়টিজম ইজ ওয়ান অফ্ দেম)

05. আমি তার প্রেমে পড়েছি। I fell in love with him. (আই ফেল ইন্ লভ্ উইথ হিম)

06. ওদের প্রেমঘটিত বিবাহ হয়েছিল। There's was love-marriage. (দেয়ার্স ওয়াজ লভ্-ম্যারেজ)

07. এটি প্রেম নয়, বাসনা। It is lust, not love. (ইট ইজ লাস্ট, নট লভ্)

08. কাহিনীটিতে প্রেমিক প্রেমিকাকে নিয়ে পালিয়েছে। The lover elopes with the beloved in the story. (দ্য লাভার ইলোপ্স উইথ দ্য বিলাভেড ইন্ দ্য স্টোরী)

09. দাপংকর একজন হতাশ প্রেমিক। Dipankar is a dejected lover. (দীপংকর ইজ এ ডিজেকটেড লাভার)

10. কি তাজা প্রেমিক সে ছিল্! What a youthful lover he was! (হোয়াট এ ইউথফুল লাভার হী ওয়াজ)

11. অসার প্রেমিককে কে বিশ্বাস করতে পারে ?
Who can trust frivolous lovers? (হু ক্যান ট্রাস্ট ফ্রিভলাস লাভার্স ?)

12. এই ধরণের প্রেম বেশী দিন স্থায়ী হয় না।
Such love as this does not last long. (সাচ লভ্ এ্যাজ দিস ডাজ নট লাস্ট লং)

13. এটি সত্যিই বলা হয় যে, প্রেমই ভগবান।
It is truly said that love is god. (ইট ইজ ট্রুলী সেড দ্যাট লভ্ ইজ গড)

14. কতদিন যাবত তুমি ওকে ভালোবাস ?
How long have you been in love with her? (হাউ লং হ্যাভ ইউ বীন লভ্ উইথ হার ?)

15. প্রেম অন্ধ।
Love is blind. (লভ্ ইজ ব্লাইণ্ড)

16. প্রেম ও যুদ্ধতে সব কিছুই ন্যায্য।
Everything is fair in love and war. (এভরিথিং ইজ ফেয়ার ইন্ লভ্ এ্যাণ্ড ওয়ার)

17. সে ওর জন্য পাগল।
He is crazy after her. (হী ইজ ক্রেজী আফটার হার)

18. প্রেম-পাগলিনী মীরাকে কে না জানে ?
Who does not know love-mad Meera? (হু ডাজ নট নো লভ্-ম্যাড মীরা ?)

19. কামনা প্রেমের শত্রু।
Lust is an enemy of love. (লাস্ট ইজ এ্যান এনিমি অফ্ লভ্)

20. প্রেমের পথ হল ত্যাগ এবং বলিদানের।
The path of love is of giving and sacrifice. (দ্য পাথ অফ্ লভ্ ইজ অফ্ গিভিং এ্যাণ্ড স্যাক্রিফাইস)

21. প্রেম করা মানে ব্যথায় কষ্ট পাওয়া।
To love is to writhe with pain. (টু লভ্ ইজ টু রিদ উইথ পেন)

22. সম্বন্ধ স্থির করে তাদের বিয়ে হয়েছিল।
Their marriage was arranged one. (দেয়ার ম্যারেজ ওয়াজ এ্যারেঞ্জড ওয়ান)

23. বিবাহ একটি সামাজিক প্রথা।
Marriage is a social custom. (ম্যারেজ ইজ এ সোশ্যাল কাস্টম)

24. প্রেম এবং বিবাহ দুটি ভিন্ন বস্তু।
Love and marriage are two different things. (লভ্ এ্যাণ্ড ম্যারেজ আর টু ডিফারেন্ট থিংস)

26. এটি আবশ্যক নয় যে, প্রেমকে বিবাহতে শেষ হতেই হবে।
It is not necessary that love should end in marriage. (ইট ইজ নট নেসেসারি দ্যাট লভ্ শুড

এণ্ড ইন্ ম্যারেজ)

27. বাল্যবিবাহ একটি অপরাধ।	Child-marriage is a crime. (চাইল্ড ম্যারেজ ইজ এ ক্রাইম)
28. পণপ্রথা একটি সামাজিক অভিশাপ।	Dowry is a social evil. (ডাউরি ইজ এ সোশ্যাল এভিল)
29. ওটি একটি অসম বিবাহ ছিল।	That was an unequal marriage. (দ্যাট ওয়াজ এ্যান আনইক্যোয়াল ম্যারেজ)
30. তার বিয়ে স্থগিত রয়েছে।	His marriage has been postponed. (হিজ ম্যারেজ হ্যাজ বীন পোস্টপণ্ড)
31. বিবাহ বিচ্ছেদের মামলা দিন-দিন বেড়েই চলেছে।	The cases of divorce are increasing day by day. (দ্য কেসেস অফ্ ডাইভোর্স আর ইনক্রিজিং ডে-বাই-ডে)
32. তার বিবাহ বিচ্ছেদ হয়েছে।	He is a divorcee. (হী ইজ এ ডাইভোর্সী)

28
চিকিৎসক এবং রোগী
THE DOCTOR AND THE PATIENT
(দ্য ডক্টর এ্যাণ্ড পেশেন্ট)

রোগী–নমস্কার, ডাক্তারবাবু।	Good evening, doctor. (গুড ইভনিং, ডক্টর)
ডাক্তার–নমস্কার, কেমন আছেন বলুন।	Good evening, tell me how do you do? (গুড ইভনিং, টেল মী হাউ ডু য়ু ডু?)
রোগী–শরীর ভালো নেই। গতকাল থেকে আমার জ্বর হয়েছে।	I'm unwell. I have been suffering from fever since yesterday. (আই'ম আনওয়েল। আই হ্যাভ বীন সাফারিং ফ্রম ফীভার সিন্স ইয়েস্টারডে)
ডাক্তার–মনে হচ্ছে ম্যালেরিয়া।	It seems to be malaria. (ইট সীমস টু বী ম্যালেরিয়া)
রোগী–হ্যাঁ, ম্যালেরিয়াই। আমার রক্ত পরীক্ষা করিয়েছি।	Yes, it is malaria. I got my blood checked. They have diagnosed

তারা ম্যালেরিয়াই নির্ণয় করেছে।	malaria. (ইয়েস. ইট ইজ ম্যালেরিয়া। আই হ্যাভ গট মাই ব্লাড চেকড। দে হ্যাভ ডায়গনজড ম্যালেরিয়া)
ডাক্তার–আপনার আর কোন কষ্ট আছে ?	Do you suffer from any other ailment? (ডু য়ু সাফার ফ্রম এনি আদার এলমেন্ট ?)
রোগী–হ্যাঁ, আমার গলায় ব্যথা এবং সারা শরীরেও ব্যাথা। জ্বর আসার আগে কাঁপুনি আসে।	Yes, I have sore throat and my whole body is aching. Before fever I feel shivering. (ইয়েস, আই হ্যাভ সোর থ্রোট এ্যাণ্ড মাই হোল বডি ইজ একিং। বীফোর ফীভার আই ফীল শিভারিং)
ডাক্তার–কোন ভয় নেই। সব ঠিক হয়ে যাবে। নাড়ি দেখতে দিন।	Never mind. It will be all right. Let me feel the pulse. (নেভার মাইণ্ড। ইট উইল বী অল রাইট। লেট মী ফীল দ্য পালস)
রোগী–আমি সারা রাত ঘুমোতে পারি নি। সারা রাত কাশিও ছিল। এমন কোন ওষুধ দিন, যাতে তাড়াতাড়ি আরাম পাই।	I could not sleep the whole night. I kept on coughing. Give me some such medicine that I may feel early relief. (আই কুড নট স্লীপ দ্য হোল নাইট। আই কেপ্ট অন্ কাফিং। গিভ মী সাম সাচ মেডিসিন দ্যাট আই মে ফীল আর্লী রিলীফ)
ডাক্তার–চিন্তার কোন কারণ নেই। আপনার এখন সামান্য জ্বর আছে। এই ওষুধ খাবেন, দু দিনেই আপনি সেরে উঠবেন।	You need not worry. You have slight fever now. Take this medicine, you will be all right in two days. (য়ু নীড নট ওরি। য়ু হ্যাভ স্লাইট ফীভার নাউ। টেক দিস মেডিসিন, য়ু উইল বী অল রাইট ইন্ টু ডেজ)
রোগী–দু দিন বাদে আমাকে এক পরীক্ষা দিতে হবে, এজন্য আমি চিন্তিত।-	I have to take an examination after two days. Therefore, I'm much worried. (আই হ্যাভ টু টেক এ্যান একজামিনেশন আফটার টু ডেজ। দেয়ারফোর, আই'ম মাচ ওরিড)

ডাক্তার–আচ্ছা, এই কথা? আমি আপনাকে একটি ইঞ্জেকশন দিচ্ছি। আপনি আরও শীঘ্র সেরে উঠবেন।	Well, is it so. I am giving you an injection. You will recover more quickly. (ওয়েল, ইজ ইট সো? আই এ্যাম গিভিং য়ু এ্যান ইঞ্জেকশন। য়ু উইল রিকভার মোর ক্যুইকলী)
রোগী–ধন্যবাদ, ডাক্তারবাবু।	Thank you, doctor! (থ্যাঙ্ক য়ু, ডক্টর)
ডাক্তার–এবার আপনার জিভ ও গলা দেখান। 'আ' করুন।	Now show me your tongue and throat. Say Aa! (নাউ শো মী ইয়োর টাং এ্যাণ্ড থ্রোট। সে 'আ')
রোগী–আ! আ!	Aa! Aa! (আ! আ!)
ডাক্তার–গলার অবস্থা খুবই খারাপ। তবে চিন্তার কোন কারণ নেই। দিনে তিন বার এই ওষুধটা লাগাবেন আর নুন মেশানো গরম জল দিয়ে গার্গল করবেন।	The throat is very bad, but it does not matter. Apply this paint thrice daily and gargle with hot water mixed with salt. (দ্য থ্রোট ইজ ভেরী ব্যাড, বাট ইট ডাজ নট ম্যাটার। এ্যাপ্লাই দিস মেডিসিন থ্রাইস ডেলি এ্যাণ্ড গার্গল উইথ হট ওয়াটার মিক্সড্ উইথ সল্ট)
রোগী–কোন বিধিনিষেধ?	Any abstinence. (এনি এ্যাব্সটিনেন্স?)
ডাক্তার–আপনি সবই খেতে পারেন, শুধু ভাজা জিনিষ খাবেন না। সম্পূর্ণ বিশ্রামও প্রয়োজন।	You can take every thing but avoid fried things. Complete rest is also essential. (য়ু ক্যান টেক এভরিথিং, বাট এ্যাভয়েড ফ্রায়েড থিংস। কমপ্লিট রেস্ট ইজ অল্সো এসেনশিয়াল)
রোগী–বেশ, তাহলে আমি আবার কবে আসব এবং এই ওষুধগুলো কি ভাবে খাব?	Well, when should I come next and how these medicines are to be taken? (ওয়েল, হোয়েন শুড আই কাম নেক্সট্ এ্যাণ্ড হাউ দিজ মেডিসিন্স আর টু বী টেকন?)
ডাক্তার–এটি মিকশ্চার। এটি কাফ সিরাপ। তিন ঘণ্টা অন্তর এগুলি খাবেন।	This is mixture. This is cough syrup. Take these at every three hours. (দিস ইজ মিকশ্চার। দিস ইজ কাফ সিরাপ। টেক দিস এ্যাট এভরী থ্রী আওয়ার্স)

রোগী–আপনাকে কত দিতে হবে ডাক্তারবাবু ?	How much I have to pay, doctor? (হাউ মাচ আই হ্যাভ টু পে, ডক্টর ?)
ডাক্তার–সব মিলিয়ে পঁচিশ টাকা।	In all twenty-five rupees. (ইন্ অল টোয়েন্টী-ফাইভ রুপীজ)
রোগী–এই নিন।	Here it is, please. (হিয়ার ইট ইজ, প্লীজ)
ডাক্তার–ধন্যবাদ।	Thanks! (থ্যাঙ্কস)
রোগী–ধন্যবাদ ডাক্তারবাবু। যদি প্রয়োজন হয়, তো কাল সন্ধ্যায় আসব। নমস্কার।	Thank you doctor. I shall come tomorrow in the evening if need be, good night. (থ্যাঙ্ক ইউ ডক্টর। আই শ্যাল কাম টুমরো ইভনিং ইফ্ নীড বী। গুড নাইট)
ডাক্তার–নমস্কার।	Good night. (গুড নাইট)

29

পিতা এবং কন্যা

FATHER AND DAUGHTER (ফাদার এ্যাণ্ড ডটার)

কন্যা– গুড মর্নিং, বাবা।	Good morning papa. (গুড মর্নিং, পাপা)
পিতা– গুড মর্নিং।	Oh my child! Good morning. (গুড মর্নিং)
কন্যা– জানো, সাতটা বেজে গেছে ?	Do you know it is already seven. (ডু য়ু নো, ইট ইজ অলরেডী সেভেন ?)
পিতা– কাল রাতে দেরীতে শুয়েছি। ভোরে উঠতে পারি নি।	I went to bed late last night Could not wake up in the morning. (আই ওয়েন্ট টু বেড লেট লাস্ট নাইট। কুড নট ওয়েক আপ ইন্ দ্য মর্নিং)
কন্যা– এই নাও তোমার চা।	Here is your tea. (হিয়ার ইজ ইয়োর টী)
পিতা– ধন্যবাদ! এতো খুব ভালো হয়েছে। কে এটি তৈরী করেছে ?	Thank you my child. It tastes so good. Who has prepared it? (থ্যাঙ্ক ইউ! ইট টেস্টস্ সো গুড। হু হ্যাজ প্রীপেয়ার্ড ইট ?)

কন্যা–	মা তৈরী করেছে।	Mummy prepared. (মাম্মী প্রীপেয়ার্ড)
পিতা–	আচ্ছা, আমাকে আজকের খবরের কাগজটা এনে দাও।	Well, get me today's newspaper. (ওয়েল, গেট মী টুডেজ নিউজ পেপার)
কন্যা–	আমি এখুনি আনছি।	I shall just get it. (আই শ্যাল জাস্ট গেট ইট)
পিতা–	তোমার মা কোথায়?	Where is your mummy? (হোয়্যার ইজ ইয়োর মাম্মী?)
কন্যা–	রান্নাঘরে। তিনি সকালের খাবার তৈরি করছেন।	In the kitchen. She is cooking breakfast. (ইন্ দ্য কিচেন। শী ইজ কুকিং ব্রেকফাস্ট)
পিতা–	আজ কি কোন বিশেষ পদ হচ্ছে?	Is there any special dish today? (ইজ দেয়ার এনী স্পেশাল ডিস টুডে?)
কন্যা–	হ্যাঁ বাবা, গাজরের হালুয়া।	Yes father, carrot halwa. (ইয়েস ফাদার। ক্যারট হালুয়া)
পিতা–	আর কি হচ্ছে?	And what else? (এ্যাণ্ড হোয়াট এলস্?)
কন্যা–	আলুর পরোটা।	Paranthas stuffed with potatoes. (পরোটাজ স্টাফড উইথ পট্যাটোজ)
পিতা–	এগুলি আমার খুব প্রিয় খাবার। আমার জিভে জল এসে গেছে।	These are my favourite dishes. My mouth has began to water. (দিজ আর মাই ফেভারিট ডিসেজ। মাই মাউথ হ্যাজ বিগান টু ওয়াটার)
কন্যা–	তোমার পছন্দ আমাদের জানা আছে। এজন্যই আজ এগুলি তৈরি করা হচ্ছে।	We know your favourite dishes. That's why they are made today. (উই নো ইয়োর ফেভারিট ডিসেজ। দ্যাটস হোয়াই দে আর মেড টুডে)
পিতা–	তাহলে আমি তাড়াতাড়ি স্নান করে নিচ্ছি।	Then I shall get my bathing finished soon. (দেন আই শ্যাল গেট মাই বেদিং ফিনিশড সুন)
কন্যা–	কিন্তু বাবা, একটা ব্যাপার আছে।	But papa, there is one thing. (বাট পাপা, দেয়ার ইজ ওয়ান থিং)
পিতা–	সেটা কি?	what's that child? (হোয়াটস দ্যাট?)

কন্যা–	তুমি যে কথা দিয়েছিলে, তা মনে আছে তো ? আজ রবিবার।	Do you remember your promise? Today is Sunday. (ডু য়ু রিমেমবার ইয়োর প্রমিস ? টুডে ইজ সাণ্ডে)
পিতা–	কোন্ কথা ? আমার তো মনে নেই।	Which promise? I don't remember. (হুইচ প্রমিস ? আই ডোণ্ট রিমেমবার)
কন্যা–	তোমায় আমাদের চিড়িয়াখানা নিয়ে যেতে হবে।	You have to take us to Zoo. (য়ু হ্যাভ টু টেক আস টু দ্য জু)
পিতা–	ও, এখন মনে পড়েছে। কিন্তু আজ আমি খুব ব্যস্ত।	Oh, I remember now. But today I am very busy. (ওহো, আই রিমেমবার নাউ। বাট টুডে আই এ্যাম ভেরী বীজি)
কন্যা–	আমি আমার বান্ধবীদের নিমন্ত্রণ করে রেখেছি।	I have invited my friends. (আই হ্যাভ ইন্‌ভাইটেড মাই ফ্রেণ্ডস্)
পিতা–	ওরা ক'টার সময় আসবে ?	At what time will they come? (এ্যাট হোয়াট টাইম উইল দে কাম ?)
কন্যা–	এগারোটা নাগাদ।	At about eleven O'clock. (এ্যাট এ্যাবাউট ইলেভেন ও'ক্লক)
পিতা–	ঠিক আছে, আমি এগারোটার মধ্যে কাজ শেষ করতে চেস্টা করব।	all right, I shall try to finish my work by eleven. (অল রাইট, আই শ্যাল ট্রাই টু ফিনিশ মাই ওয়ার্ক বাই ইলেভেন)
কন্যা–	ধন্যবাদ বাবা। তুমি কত ভালো !	Thank you, father! How nice you always have been! (থ্যাঙ্ক য়ু, ফাদার। হাউ নাইস ইউ অলওয়েজ হ্যাভ বীন !)

30

মা এবং পুত্র

MOTHER AND SON (মাদার এ্যাণ্ড সন)

মাতা–	তুমি এসে গেছ বাছা ? আজ তো অনেক দেরী করেছ।	You are back my son? Today you are very late. (য়ু আর ব্যাক মাই সন ? টুডে য়ু আর ভেরী লেট)

পুত্র–	হ্যাঁ মা, আমার দেরী হয়েছে। আজ আমাদের স্কুলে হকি ম্যাচ ছিল।	Yes mother, I am late. There was a hockey match in our school today. (ইয়েস মাদার, আই এ্যাম লেট। দেয়ার ওয়াজ এ হকি ম্যাচ ইন্ আওয়ার স্কুল টুডে)
মাতা–	মনে হচ্ছে তুমি খুব পরিশ্রান্ত।	It seems you are tired. (ইট সীমস য়ু আর টায়ার্ড)
পুত্র–	হ্যাঁ, আমি হাত-মুখ ধুতে যাচ্ছি। তুমি এর মধ্যে চা তৈরি করে ফেল। আমার খুব ক্ষিধে পেয়েছে।	Yes, I am going to wash myself. Meanwhile you prepare tea. I feel very hungry. (ইয়েস, আই অ্যাম গোয়িং টু ওয়াশ মাইসেলফ। মীনহোয়াইল য়ু প্রীপেয়ার টী। আই ফীল ভেরী হাংরী)
মাতা–	চায়ের সঙ্গে তুমি কি খাবে?	What would you like with tea? (হোয়াট উড য়ু লাইক উইথ টী?)
পুত্র–	ক্ষিদে মেটায় এমন যা খুশি।	Anything which may satisfy my hunger. (এনিথিং হুইচ মে স্যাটিসফাই মাই হাঙ্গার)
মাতা–	তুমি তোমার পছন্দ বল।	You tell me your choice. (য়ু টেল মী ইয়োর চয়েস)
পুত্র–	বেশ, পকোড়া ভাজো আর কিছু টম্যাটো স্যাণ্ডউইচ কর।	Well, fry pakoras and prepare some tomato sandwich. (ওয়েল, ফ্রাই পকোরাজ এ্যাণ্ড প্রীপেয়ার সাম টম্যাটো স্যাণ্ডউইচ)
মাতা–	বেশ, কিছু মিষ্টিও আছে। মোহনদের কাছ থেকে এগুলি এসেছে।	Okay, there is some sweet also, It has come from Mohan's. (ওকে, দেয়ার ইজ সাম স্যুইট অল্সো, ইট হ্যাজ কাম ফ্রম মোহনস)
পুত্র–	মোহনদের ওখানে কি ছিল?	What was there at Mohan's? (হোয়াট ওয়াজ দেয়ার এ্যাট মোহনস্?)
মাতা–	ওর দাদার আজ পাকা দেখা হল। আমাদেরও নিমন্ত্রণ ছিল, কিন্তু আমি তোমাকে বলতে ভুলে গেছি।	His elder brother has been engaged. We were also invited but I forgot to tell you. (হিজ এলডার ব্রাদার হ্যাজ বীন এনগেজড টুডে। উই ওয়্যার অল্সো

		ইন্‌ভাইটেড, বাট আই ফরগট টু টেল য়ু)
মাতা–	বেশ, তুমি পোশাক পাল্টে নাও। আমি খাবার আনছি	Well, you change your clothes. I am bringing refreshment. (ওয়েল, য়ু চেঞ্জ ইয়োর ক্লোথস। আই এ্যাম ব্রিঙ্গিং রিফ্রেশমেন্ট)
পুত্র–	আমি এখন পোশাক পাল্টাব না। টিফিন খেয়েই আমাকে বেরোতে হবে।	I shall not change clothes. I have to go after breakfast. (আই শ্যাল নট চেঞ্জ ক্লোদস। আই হ্যাভ টু গো আফটার টিফিন)
মাতা–	কিন্তু কোথায় ?	But Where?(বাট হোয়্যার ?)
পুত্র–	রহিমের সঙ্গে দেখা করতে।	To see Rahim. (টু সী রহিম)
মাতা–	এখনই, কেন ?	Just now. what for? (জাস্ট নাও, হোয়াই ?)
পুত্র–	সে কিছুদিন যাবত অসুস্থ আছে। বোধহয় ম্যালেরিয়া হয়েছে।	He has been ill for some days. Perhaps it is malaria. (হী হ্যাজ বীন ইল ফর সাম ডেজ। পারহাপস ইট ইজ ম্যালেরিয়া)
মাতা–	রাতের খাবারের সময় ফিরে আসবে তো ?	Will you be back by dinner time? (উইল য়ু বী ব্যাক বাই ডিনার টাইম ?)
পুত্র–	হ্যাঁ, আমি তার মধ্যেই ফিরে আসব। গিরিশও আমার সঙ্গে যাবে। সে আমার সাথে খাবে।	Yes, I shall be back by that time. Girish will be with me. He will dine with me. (ইয়েস, শ্যাল বী ব্যাক বাই দ্যাট টাইম। গিরিশ উইল বী উইথ মী। হী উইল ডাইন উইথ মী)
মাতা–	তুমি কি ওকে নিমন্ত্রণ করেছ ?	Have you invited him? (হ্যাভ য়ু ইন্‌ভাইটেড হিম ?)
পুত্র–	হ্যাঁ, ওর মা তাঁর বাপের বাড়ি গেছেন।	Yes, His mother has gone to her parents. (ইয়েস, হিজ মাদার হ্যাজ গন টু হার পেরেন্টস)
মাতা–	এই ব্যাপার, তাহলে ওকে নিশ্চয়ই নিয়ে আসবে। আর হ্যাঁ, রহিমকে বলবে তুলসী পাতার চা খেতে। এটি ম্যালেরিয়াতে উপকারী।	It is so, then bring him surely. Yes, tell Rahim to take basil tea. It is good in malaria. (ইট ইজ সো, দেন ব্রিং হিম শিওরলি। ইয়েস, টেল রহিম টু টেক বেসিল টী। ইট ইজ গুড ইন ম্যালেরিয়া)

31

চিড়িয়াখানা ভ্রমণ

A VISIT TO THE ZOO (এ ভিজিট টু দ্য জু)

দিলীপ– তুমি গতকাল কোথায় ছিলে, গোপাল ?	Where had you been yesterday, Gopal? (হোয়্যার হ্যাড য়্যু বীন ইয়েস্টারডে, গোপাল ?)
গোপাল– গতকাল ? গতকাল আমি চিড়িয়াখানা গিয়েছিলাম।-	Yesterday? Yesterday I had been to the zoo. (ইয়েস্টারডে ? ইয়েস্টারডে আই হ্যাড বীন টু দ্য জু)
দিলীপ– একাই গিয়েছিলে কি ?	Did you go alone? (ডিড য়্যু গো এ্যালোন ?)
গোপাল– না তো, একলা কেন যাব ? বাবা সঙ্গে ছিলেন আর ছোট বোন লীলাও ছিল।	Not at all, Why I should have gone alone. Father was with me and Younger sister Leela was also there. (নট এ্যাট অল, হোয়াই আই শুড হ্যাভ গন এ্যালোন ? ফাদার ওয়াজ উইথ মী এ্যাণ্ড ইয়ঙ্গার সিস্টার লীলা ওয়াজ অল্সো দেয়ার)
দিলীপ– তুমি আমাকে কেন বলনি ? আমিও যেতে পারতাম। তুমি কি এই প্রথমবার গেলে ?	Why did you not tell me? I could have accompanied. Did you go for the first time. (হোয়াই ডিড য়্যু নট টেল মী ? আই কুড হ্যাড একম্প্যানিড। ডিড য়্যু গো ফর দ্য ফার্স্ট টাইম ?)
গোপাল– এটা তো আগে থেকে ঠিক ছিল না, তা না হলে আমি তোমাকে জানাতাম। আমি এর আগে দু বার গিয়েছি।	It was not pre-planned, other wise I would have told you. I have already visited it twice. (ইট ওয়াজ নট প্রী-প্ল্যাণ্ড, আদারওয়াইজ আই উড হ্যাভ টোল্ড য়্যু। আই হ্যাভ অল রেডী ভিজিটেড ইট টোয়াইস)
দিলিপ– একবার তো আমিও গিয়েছি। আমি মুম্বাইয়ের চিড়িয়াখানাও দেখেছি, কিন্তু তখন আমি খুবই ছোট	I too have visited once. I have seen the zoo of Bombay also, but then I was quite young. (আই টু হ্যাভ ভিজিটেড ওয়ান্স।

ছিলাম। আই হ্যাড সীন দ্য জু অফ মুম্বাই অল্সো, বাট দেন আই ওয়াজ কোয়্যাইট ইয়ং)

গোপাল–কোলকাতার চিড়িয়াখানা কত বড় আর কত জন্তুই না সেখানে আছে।
How big is Kolkata's zoo and how many animals there are!
(হাউ বিগ ইজ ক্যালকাটাজ জু এ্যাণ্ড হাউ মেনি এনিম্যাল্স দেয়ার আর!)

দিলীপ–খুব ভীড় হয়েছিল কি?
Was there great rush?
(ওয়াজ দেয়ার গ্রেট রাশ?)

গোপাল–সেখানে সব সময়েই দর্শকদের ভীড় লেগে থাকে। বহু দূর থেকে লোকেরা দেখতে আসে। গতকাল তো রবিবার ছিল। অনেক স্কুলের বাচ্চারাও এসেছিল।
There is always a great rush of visitors. People come from far off places to visit. Yesterday it was Sunday. Children of several schools had come.
(দেয়ার ইজ অলওয়েজ এ গ্রেট রাশ অফ্ ভিজিটরস। পীপল কাম ফ্রম ফার অফ্ প্লেসেস টু ভিজিট। ইয়েস্টারডে ইট ওয়াজ সাণ্ডে। চিল্ড্রেন অফ্ সেভারেল স্কুলস হ্যাড কাম)

দিলীপ–তাহলে তো খুবই আনন্দ হয়েছে।
Then, it would have been a great enjoyment. (দেন ইট উড হ্যাভ বীন এ গ্রেট এনজয়মেন্ট)

গোপাল–হ্যাঁ, তা হয়েছে। আমরা ঢোকবার টিকিট কিনে ভেতরে গেছি। ওখানে খুব সুন্দর বড় বাগান আর খুব সুন্দর ঝিল আছে।
Yes it is so, We purchased the entry tickets and went in. There are beautiful and big parks and lakes. (ইয়েস ইট ইজ সো। উই পারচেজড দ্য এণ্ট্রি টিকেটস এ্যাণ্ড ওয়েন্ট ইন্। দেয়ার আর বিউটীফুল এ্যাণ্ড বিগ পার্কস এ্যাণ্ড লেকস)

দিলীপ–ওখানে তুমি কি-কি দেখলে? জিরাফও ছিল কি?
What did you see there? was the giraffe also there?
(হোয়াট ডীড য়ু সী দেয়ার? ওয়াজ দ্য জিরাফ অল্সো দেয়ার?)

গোপাল–নিশ্চয়ই, জিরাফও দেখেছি। কী লম্বা ঘাড়, উটের চেয়েও বড় আর সুন্দর!
Oh yes, we saw giraffe too, What a big neck, bigger than that of camel and beautiful!
(ও ইয়েস, উই স জিরাফ টু। হোয়াট এ বিগ নেক, বিগার দ্যান দ্যাট অফ্

	ক্যামেল এ্যাণ্ড বিউটীফুল)
দিলীপ–ওখানে যেসব পশু এবং পাখী দেখেছ, তার কিছু নাম বল।	Name some birds and animals which you saw there. (নেম সাম বার্ডস এ্যাণ্ড এনিম্যাল্স হুইচ য়ু স দেয়ার)
গোপাল–আমরা ওখানকার সব কিছু দেখতে পারিনি, কিন্তু তবু অনেক কিছুই দেখেছি। এর কারণ হল লীলা খুব তাড়াতাড়ি ক্লান্ত হয় পড়েছিল।	We could not see the whole of it, but even then we saw much of it. The reason was that Leela got tired very soon. (উই কুড নট সী দ্য হোল অফ্ ইট, বাট ইভন দেন উই স মাচ অফ্ ইট। দ্য রীজন ওয়াজ দ্যাট লীলা গট টায়ার্ড ভেরী সুন)
দিলীপ–তুমি রাজহাঁসগুলি দেখেছ বোধ হয়?	You might have seen swans? (য়ু মাইট হ্যাভ সীন সোয়ানস?)
গোপাল–হ্যাঁ, রাজহাঁস দেখেছি। কালো রাজহাঁসগুলি দেখতে খুব সুন্দর। আমরা আরও অনেক পাখী যেমন – পায়রা, হাঁস, টিয়া, কোকিল, বুলবুল এবং চড়াই দেখেছি।	Yes, swans also. The black swan was looking so beautiful. we saw many other birds like pigeons, ducks, parrots, cuckoos, bulbuls and sparrows. (ইয়েস, সোয়ানস অল্সো। দ্য ব্ল্যাক সোয়ানস ওয়াজ লুকিং সো বিউটিফুল। উই স মেনী আদার বার্ডস লাইক পিজিয়নস, ডাকস, প্যারটস, কুক্কুজ, বুলবুলস এ্যাণ্ড স্প্যারোজ)
দিলীপ–আর পশু?	And animals? (এ্যাণ্ড এনিম্যাল্স?)
গোপাল–ওখানে সাদা বাঘ, ভালুক, গণ্ডার, জলহস্তী, হরিণ, বানর ইত্যাদি সব রকম জন্তুই আছে।	There are white tigers, bears, rhinos, hippos, deer, monkeys etc. of all kind of animal. (দেয়ার আর হোয়াইট টাইগার্স, বীয়ার্স, রাইনোজ, হিপোজ, ডিয়ার, মংকিজ এটসেটেরা অফ্ অল কাইণ্ডস অফ এনিম্যাল্স)
দিলীপ–আমারও ইচ্ছা হচ্ছে একদিন সেখানে যেতে।	I also desire to go there some time. (আই অল্সো ডিজায়ার টু গো দেয়ার সাম টাইম)

32

শ্রেণী কক্ষে

IN THE CLASSROOM (ইন্ দ্য ক্লাস রুম)

ছাত্র–নমস্কার, স্যার।

Sir, good morning.
(স্যার, গুড মর্নিং)

শিক্ষক–নমস্কার, ছেলেরা।

Good morning, boys.
(গুড মর্নিং, বয়েজ)

রমেশ–স্যার, আজ খুব জোর বৃষ্টি হচ্ছে। সব ছেলেরা আসেনি। পথে সব জায়গায় জল জমেছে।

Sir, it has been raining heavily today, all the students have not come. There is water every where in the way.
(স্যার, ইট হ্যাজ বীন রেনিং হেভিলী টুডে। অল দ্য স্টুডেন্টস হ্যাভ নট কাম। দেয়ার ইজ ওয়াটার এভরি হোয়্যার ইন্ দ্য ওয়ে)

গিরিশ–স্যার, মোহনের বাড়ীর ছাদ পড়ে গেছে।

Sir, the roof of Mohan's house has collapsed. (স্যার, দ্য রুফ অফ্ মোহনস হাউস হ্যাজ কোলাপ্সড)

শিক্ষক–কারো আঘাত লাগেনি তো?

Has anybody been hurt.
(হ্যাজ এনিবডি বীন হার্ট?)

গিরিশ–না স্যার, কারো আঘাত লাগেনি।

No sir, no body was hurt.
(নো স্যার, নোবডি ওয়াজ হার্ট)

শিক্ষক–বেশ, আজ নূতন পড়া শুরু করব না। আমরা-সাধারণ জ্ঞান সম্পর্কে আলোচনা করব। শ্যাম, তুমি বল ভারত কবে স্বাধীন হয়েছে?

Well, I shall not begin a new lesson today. Let us discuss general knowledge. Shyam you tell me when did India become free. (ওয়েল, আই শ্যাল নট বিগিন নিউ লেসন টুডে। লেট আস ডিসকাস জেনারেল নলেজ। শ্যাম, য়ু টেল মী হোয়েন ডীড ইণ্ডিয়া বিকাম ফ্রী?)

শ্যাম–স্যার, 1947 সালের 15 আগস্ট।

On 15th August, 1947 Sir.
(অন্ ফিফ্টিথ অগাস্ট, 1947 স্যার)

শিক্ষক–ঠিক। ভারতের প্রথম রাষ্ট্রপতি কে ছিলেন?

Quite all right. Who was the first President of India? You answer

তুমি বল, হামিদ।	Hamid. (কোয়াইট অল রাইট। হু ওয়াজ দ্য ফার্স্ট প্রেসিডেন্ট অফ্ ইণ্ডিয়া ? ইউ আন্সার, হামিদ)
হামিদ–পণ্ডিত জওহরলাল নেহরু স্যার।	Pandit Jawaharlal Nehru, Sir. (পণ্ডিত জওহরলাল নেহরু, স্যার)
শিক্ষক–না, উনি তো প্রথম প্রধান মন্ত্রী ছিলেন। কে বলবে ? আচ্ছা গণেশ, তুমি বল।	No, he was the first Prime Minister. Who will answer, O.K. Ganesh, you tell. (নো, হী ওয়াজ দ্য ফার্স্ট প্রাইম মিনিস্টার। হু উইল আন্সার ? ওকে গণেশ, য়ু টেল)
গণেশ– স্যার, ডঃ রাজেন্দ্র প্রসাদ ভারতের প্রথম রাষ্ট্রপতি ছিলেন।	Sir, Shri. Rajendra Prasad was the first President of India. (স্যার, ডক্টর রাজেন্দ্র প্রসাদ ওয়াজ দ্য ফার্স্ট প্রেসিডেন্ট অফ্ ইণ্ডিয়া)
শিক্ষক–তুমি ঠিক বলেছ। পরের প্রশ্ন। ভারতের লৌহপুরুষ কাকে বলা হয় ?	You are right. Next question. Who is called the iron man of India? (য়ু আর রাইট। নেক্সট্ ক্যোয়েশ্চন। হু ইজ কল্ড দ্য আয়রন ম্যান অফ্ ইণ্ডিয়া ?)
রমেশ– আমি বলব, স্যার ? সর্দার বল্লভভাই প্যাটেল, স্যার।	May I tell, sir? Sardar Vallabhai Patel, Sir. (মে আই টেল, স্যার ? সর্দার বল্লভভাই প্যাটেল, স্যার)
শিক্ষক–ঠিক ? তোমরা কি বলতে পার হার্বেরিয়াম কাকে বলে ?	Correct, can you tell me what is a herbarium (কারেক্ট। ক্যান য়ু টেল মী হোয়াট ইজ এ হার্বেরিয়াম ?)
ছাত্র– না স্যার, আমরা এই নাম প্রথমবার শুনছি।	No sir, we are hearing it for the first time. (নো স্যার, উই আর হিয়ারিং ইট ফর দ্য ফার্স্ট টাইম)
শিক্ষক–আচ্ছা, আমি তোমাদের বলছি। হার্বেরিয়াম হচ্ছে সেই জায়গা যেখানে বিভিন্ন গাছকে শুকিয়ে এবং চাপ দিয়ে রাখা হয়।	O.K. Itell you. Herbarium is a place where a collection of dried and pressed plants is kept. (ওকে, আই টেল ইউ। হার্বেরিয়াম ইজ এ প্লেস হোয়্যার এ

কালেকশন অফ ড্রায়েভ এ্যাণ্ড প্রেসড প্লান্টস ইজ কেপ্ট)

রোশন– স্যার, যেখানে ঐতিহাসিক বস্তুর সংগ্রহ রাখা হয়, সেই জায়গাকে কি বলে ?

Sir, what's that place called where collection of historical things are kept? (স্যার, হোয়াটস দ্য প্লেস কল্ড, হোয়্যার কালেকশন অফ হিস্টোরিক্যাল থিংস আর কেপ্ট ?)

শিক্ষক–সেই স্থানকে মিউজিয়াম বলে।

Such a place is called museum. (সাচ এ প্লেস ইজ কল্ড মিউজিয়াম)

শিক্ষক–হিন্দীতে সব চেয়ে জনপ্রিয় গ্রন্থ কি ?

Which is the most popular Hindi book? (হুইচ ইজ দ্য মোস্ট পপুলার হিন্দী বুক ?)

হবিব–রামায়ণ, স্যার।

Ramayana, sir. (রামায়ণ, স্যার)

শিক্ষক–একদম ঠিক। কিন্তু এর লেখকের নাম বল।

Quite correct. But tell the author of the book. (কোয়্যাইট কারেক্ট। বাট টেল দ্য অথর অফ দ্য বুক)

হবিব– কবি শিরোমণি তুলসীদাস, স্যার।

Crest-jewel of poets Tulsidas, sir. (ক্রেস্ট-জুয়েল অফ পোয়েটস তুলসীদাস, স্যার)

শিক্ষক–শাবাশ! কে প্রথমে সংস্কৃত রামায়ণ লেখেন ?

Excellent! Who wrote the first Sanskrit Ramayana? (এক্সেলেন্ট! হু রোট দ্য ফার্স্ট স্যান্সক্রট রামায়ণা ?)

গিরীশ–মহর্ষি বাল্মিকি ছিলেন প্রথম কবি, যিনি সংস্কৃত রামায়ণ রচনা করেছিলেন।

Maharishi Valmiki was the first poet who wrote the Sanskrit Ramayana. (মহর্ষি বাল্মিকি ওয়াজ দ্য ফার্স্ট পোয়েট, হু রোট দ্য স্যান্সক্রট রামায়ণা)

শিক্ষক–তোমাদের সবার ভালো সাধারণ জ্ঞান আছে। বেশ, এখন আমি তোমাদের কিছু কঠিন প্রশ্ন করব।

You all have a very good general knowledge. O.K. now, I ask you a somewhat difficult question. (য়ু অল্ হ্যাভ এ ভেরী গুড জেনারেল নলেজ। ওকে, নাউ আই আস্ক য়ু সামহোয়াট ডিফিকাল্ট ক্যোয়েশ্চন)

ছাত্র–	জিজ্ঞেস করুন, স্যার। আমরা উত্তর দেবার খুব চেষ্টা করব।	**Ask sir. We shall try our best to answer it.** (আস্ক স্যার। উই শ্যাল ট্রাই আওয়ার বেস্ট টু আন্সার ইট)
শিক্ষক–	বৃক্ষ এবং উদ্ভিদের পাতার রং সবুজ হয় কেন?	**Why are the leaves of plants and trees green?** (হোয়াই আর দ্য লীভস অফ্ প্ল্যান্টস এ্যাণ্ড ট্রীজ গ্রীন?)
শিক্ষক–	কেউ না। বেশ, তুমি চেষ্টা কর, হরিশ।	**No body. Well, you try Harish.** (নো বডি। ওয়েল, যু ট্রাই হরিশ)
হরিশ–	কারণ এর মধ্যে সবুজ রং থাকে।	**Because there is a green colour in them.** (বিকজ দেয়ার ইজ এ গ্রীন কালার ইন্ দেম)
শিক্ষক–	কিন্তু কেন ওর মধ্যে সবুজ রং থাকে? আমি বলছি, কারণ ওর মধ্যে ক্লোরোফিল নামক একটি পদার্থ থাকে।	**But why is there green colour? I tell you, because a matter called chlorophyll is found in them.** (বাট হোয়াই ইজ দেয়ার গ্রীন কালার? আই টেল যু, বিকজ এ ম্যাটার কল্ড ক্লোরোফিল ইজ ফাউণ্ড ইন্ দেম)

33

গ্রন্থাগার সম্বন্ধে

ABOUT THE LIBRARY (এ্যাবাউট দ্য লাইব্রেরী)

আগন্তুক–	নমস্কার, মহাশয়।	Good morning sir. (গুড মর্নিং, স্যার)
লাইব্রেরিয়ান–	নমস্কার। আমি আপনার জন্য কি করতে পারি?	Good morning please. What can I do for you? (গুড মর্নিং প্লীজ। হোয়াট ক্যান আই ডু ফর যু?)
আগন্তুক–	আমি আপনার গ্রন্থাগারের সদস্য হতে চাই।	I want to become a member of your library. (আই ওয়ান্ট টু বীকাম এ মেম্বার অফ্ ইয়োর লাইব্রেরী)

লা–	খুব আনন্দের সঙ্গে। আপনি কোথায় থাকেন এবং কি কাজ করেন ?	With great plea'sure. Where do you live and what is your occupation? (উইথ গ্রেট প্লেজার। হোয়্যার ডু য়ু লিভ এ্যাণ্ড হোয়াট ইজ ইয়োর অকুপেশন ?)
আ–	আমি একজন সরকারী কর্মচারী এবং মানিকতলায় বাস করি।	I'm a government servant and live in Maniktalla. (আই'ম এ গর্ভনমেন্ট সার্ভেন্ট এ্যাণ্ড লিভ ইন্ মানিকতলা)
লা–	দশ পয়সা দিন এবং এই ফর্মটি নিয়ে যান। এটি পূরণ করে কোন গেজেটেড অফিসারকে দিয়ে প্রত্যয়িত করিয়ে ফিরিয়ে আনবেন।	Pay ten paise and take this form. Fill it up, get it attested by some gazetted officer and then return. (পে টেন পয়সে এ্যাণ্ড টেক দিস ফর্ম। ফিল ইট আপ, গেট ইট এ্যাটেস্টেড বাই সাম গেজেটেড অফিসার এ্যাণ্ড দেন রিটার্ন)
আ–	আমাকে কি কোন সদস্য চাঁদা দিতে হবে ?	Have I to pay some membership fee? (হ্যাভ আই টু পে সাম মেম্বারশিপ ফী ?)
লা–	না, এতে কোন পয়সা লাগে না।	No, it is all free. (নো, ইট ইজ অল ফ্রী)
আ–	এক সঙ্গে ক'টি বই দেওয়া হয় ?	How many books are issued at a time? (হাউ মেনী বুক্স আর ইশ্যুড এ্যাট এ টাইম ?)
লা–	আপনাকে তিনটি কার্ড দেওয়া হবে আর আপনি এক সঙ্গে তিনটি বই নিতে পারবেন।	You will be given three cards and you can get issued three books at a time. (য়ু উইল বী গিভন থ্রী কার্ডস এ্যাণ্ড য়ু ক্যান গেট ইশ্যুড থ্রী বুক্স এ্যাট এ টাইম)
আ–	কতদিনের জন্য এগুলি দেওয়া হবে ?	For how many days will these be issued? (ফর হাউ মেনী ডেজ উইল দিজ বী ইশ্যুড ?)
লা–	পনেরো দিনের জন্য। এরপর এগুলি আপনি ফেরত দিতে পারেন অথবা পুনরায় নিতে পারেন। তা না হলে আপনাকে দিন প্রতি দশ পয়সা জরিমানা দিতে হবে।	For a fortnight. After this you can get these reissued or return them. Otherwise you have to pay a fine of ten paisa per day. (ফর এ ফোর্টনাইট। আফটার দিস য়ু ক্যান গেট দিজ রি-ইশ্যুড অর রিটার্ন দেম। আদারওয়াইজ য়ু

	হ্যাভ টু পে এ ফাইন অফ্ টেন পয়সে পার ডে)
আ– লাইব্রেরীর কার্যকাল কখন ?	What are the library timings? (হোয়াট আর দ্য লাইব্রেরী টাইমিংস ?)
লা– সকাল দশটা থেকে সন্ধ্যা ছ'টা পর্যন্ত। রবিবার এবং অন্যান্য ছুটির দিন বন্ধ থাকে।	From 10 a.m. to 6 p.m. It remains closed on Sundays and other holidays. (ফ্রম 10 এ.এম. টু 6 পি.এম.। ইট রিমেনস্ ক্লোজড অন্ সাণ্ডে এ্যাণ্ড আদার হোলিডেজ)
আ– গ্রন্থাগারে পুস্তকের সংখ্যা কত ? থিয়েটার সম্বন্ধে পুস্তক আছে কি ?	What's the number of books in the library? Are there books on theatre also? (হোয়াটস দ্য নাম্বার অফ্ বক্স ইন্ দ্য লাইব্রেরী ? আর দেয়ার বুক্স অন্ থিয়েটার অল্সো ?)
লা– আমাদের গ্রন্থাগারে 30 হাজার পুস্তক আছে। শুধু থিয়েটার নয়, আমাদের কাছে প্রায় সব বিষয়ের ওপর পুস্তক আছে।	We have about 30 thousand books in our library. Not only on theatre we have books nearly on all subjects. (উই হ্যাভ এ্যাবাউট 30 থাউজেণ্ড বুক্স ইন্ আওয়ার লাইব্রেরী। নট ওনলী অন্ থিয়েটার, উই হ্যাভ বুক্স নিয়ারলী অন্ অল সাবজেক্টস)
আ– সংবাদপত্র এবং সাময়িক পত্রিকা পড়বার সুবিধা আছে কি ?	Is there a facility of reading newspapers and magazines? (ইজ দেয়ার এ ফেসিলিটি অফ্ রীডিং নিউজপেপার্স এ্যাণ্ড ম্যাগাজিন্স ?)
লা– আমাদের একটি খুব ভালো রীডিং রুম আছে। এখানে আমরা সব রকম খবরের কাগজ এবং সাময়িক পত্রিকা রাখি।	We have a very good reading room. There we get all types of papers and magazines. (উই হ্যাভ এ ভেরী গুড রীডিং রুম। দেয়ার উই গেট অল টাইপস অফ্ পেপারস এ্যাণ্ড ম্যাগাজিনস)
আ– আপনাকে অনেক ধন্যবাদ। আগামীকাল এসে আমি সদস্য হব।	Thank you so much. I shall come tomorrow and become a member. (থ্যাঙ্ক য়ু সো মাচ। আই শ্যাল কাম টুমরো এ্যাণ্ড বিকাম এ মেম্বার)

34

ব্যাঙ্ক এ্যাকাউন্ট খোলা

OPENING A BANK ACCOUNT
(ওপেনিং এ ব্যাঙ্ক এ্যাকাউন্ট)

গ্রাহক–	ম্যানেজার বাবু কোথায় বসেন ? আমি ওনার সঙ্গে দেখা করতে চাই।	Where does the Bank Manager sit? I want to see him. (হোয়ার ডাজ দ্য ব্যাঙ্ক ম্যানেজার সীট ? আই ওয়াণ্ট টু সী হিম)
কেরানী–	হ্যাঁ, আপনি ওনার সঙ্গে দেখা করতে পারেন। ওখানে ঐ ঘরেতে উনি বসেন। আমি কি আপনাকে কোন সাহায্য করতে পারি ?	Yes, you can see him. He sits there in that room. Can I help you please. (ইয়েস, য়ু ক্যান সী হিম। হী সীটস দেয়ার ইন্ দ্যাট রূম। ক্যান আই হেল্প য়ু প্লীজ ?)
গ্রাহক–	আপনাকে অনেক ধন্যবাদ।	Thank you so much. (থ্যাঙ্ক য়ু সো মাচ)
কেরানী–	কিছু বলতে হবে না। আপনি ম্যানেজারের সঙ্গে দেখা করতে পারেন। আপনার সঙ্গে দেখা হলে উনি খুশী হবেন।	No mention please, you can see the manager. He will be pleased to see you. (নো মেনশন প্লীজ। য়ু ক্যান সী দ্য ম্যানেজার। হী উইল বী প্লীজড টু সী য়ু)
গ্রাহক–	আমি ওঁর নামটি জানতে পারি কি ?	May I know his good name please? (মে আই নো হিজ গুড নেম প্লীজ ?)
কেরানী–	নিশ্চয়ই। ওঁর নাম শ্রী পঞ্চানন পাঠক।	Surely. His name is Mr. Panchanan Pathak. (শিওরলি। হিজ নেম ইজ মিস্টার পঞ্চানন পাঠক)
গ্রাহক–	আপনাকে ধন্যবাদ।	Thank you. (থ্যাঙ্ক ইউ)
গ্রাহক–	ভেতরে আসতে পারি কি ?	May I come in please? (মে আই কাম ইন্ প্লীজ ?)
ম্যানেজার–	হ্যাঁ, আনন্দের সঙ্গে।	Yes, with great pleasure. (ইয়েস, উইথ গ্রেট প্লেজার)

গ্রাহক– আমার নাম রামেশ্বর সেন।	My name is Rameshwar Sen. (মাই নেম ইজ রামেশ্বর সেন।)
ম্যানেজার–আপনার দেখা পেয়ে খুব খুশী হলাম। আমি আপনার জন্য কি করতে পারি ?	I'm very glad to see you. What service can I render you? (আই'ম ভেরী গ্ল্যাড টু সী য়ু। হোয়াট সার্ভিস ক্যান আই রেণ্ডার য়ু ?)
গ্রাহক– আমি আপনার ব্যাঙ্কে একটি এ্যাকাউন্ট খুলতে চাই।	I want to open an account in your bank. (আই ওয়ান্ট টু ওপেন এ্যান এ্যাকাউন্ট ইন্ ইয়োর ব্যাঙ্ক)
ম্যানেজার–আনন্দের সঙ্গে। আপনি কোন্ ধরনের এ্যাকাউন্ট খুলবেন, তা দয়া করে আমায় বলবেন কি ?	With pleasure, will you please tell me which type of account do you want to open? (উইথ প্লেজার। উইল য়ু প্লীজ টেল মী হুইচ টাইম অফ্ এ্যাকাউন্ট ডু য়ু ওয়ান্ট টু ওপেন ?)
গ্রাহক– আমি সেভিংস এ্যাকাউন্ট খুলতে চাই।	I want to open a saving bank account. (আই ওয়ান্ট টু ওপেন এ সেভিংস ব্যাঙ্ক এ্যাকাউন্ট)
ম্যানেজার–আপনি কি সিঙ্গল এ্যাকাউন্ট খুলবেন না - জয়েন্ট এ্যাকাউন্ট ?	Do you want to open a single or a joint account? (ডু য়ু ওয়ান্ট টু ওপেন এ সিঙ্গল অর এ জয়েন্ট এ্যাকাউন্ট ?)
গ্রাহক– আমি আমার ছোট ভাইয়ের সঙ্গে একটি জয়েন্ট এ্যাকাউন্ট খুলতে চাই।	I want to open a joint account with my younger brother. (আই ওয়ান্ট টু ওপেন এ জয়েন্ট এ্যাকাউন্ট উইথ মাই ইয়ঙ্গার ব্রাদার)
ম্যানেজার–আপনার ভাই কি এখানে এসেছেন ?	Has your brother come here? (হ্যাজ ইয়োর ব্রাদার কাম হিয়ার ?)
গ্রাহক– না, এখন সে এখানে নেই।	No, he is not here at the moment. (নো, হী ইজ নট হিয়ার এ্যাট দ্য মোমেন্ট)

ম্যানেজার–কিন্তু ওঁর উপস্থিতি প্রয়োজন। জয়েন্ট এ্যাকাউন্ট খোলার ফর্ম আমি আপনাকে দিচ্ছি। যাঁর এখানে এ্যাকাউন্ট আছে, এমন কোন ব্যক্তির দ্বারা আপনি এগুলি ইন্ট্রোডিউস করিয়ে দেবেন।	But his presence is essential. I am giving you forms for opening a joint account. You get these introduced by some one who has already an account in the bank. (বাট হিজ প্রেজেন্স ইজ এসেনশিয়াল। আই অ্যাম গিভিং য়ু ফর্মস ফর ওপেনিং এ জয়েন্ট এ্যাকাউন্ট। য়ু গেট দিজ ইন্ট্রোডিউসড বাই সামওয়ান, হু হ্যাজ অলরেডী এ্যান এ্যাকাউন্ট ইন্ দদ ব্যাঙ্ক)
গ্রাহক– কত টাকা দিয়ে এই এ্যাকাউন্ট খোলা যায়?	With how much money this account can be opened? (উইথ হাউ মাচ মানী দিস্ এ্যাকাউন্ট ক্যান বী ওপেনড?)
ম্যানেজার –মাত্র পাঁচ টাকা দিয়ে।	With five rupees only. (উইথ ফাইভ রুপীজ ওন্‌লী)
গ্রাহক– কিন্তু আমি চেক বইয়ের সুবিধা পেতে চাই।	But I want to avail myself of the cheque-book facility. (বাট আই ওয়ান্ট টু এ্যাভেল মাইসেলফ অফ্ চেক বুক ফেসিলিটি)
ম্যানেজার–সে ক্ষেত্রে আপনাকে কম পক্ষে একশো টাকা দিয়ে এ্যাকাউন্ট খুলতে হবে এবং আপনার এ্যাকাউন্টে সব সময় কম পক্ষে একশো টাকা থাকতে হবে।	In that case, you have to open the account with minimum of hundred rupees and there should always remain a minimum balance of hundred rupees. (ইন দ্যাট কেস, য়ু হ্যাভ টু ওপেন দ্য এ্যাকাউন্ট উইথ মিনিয়াম অফ্ হাণ্ড্রেড রুপীজ এ্যাণ্ড দেয়ার শুড রিমেন এ মিনিয়াম ব্যালান্স অফ্ হাণ্ড্রেড রুপীজ)

গ্রাহক- ধন্যবাদ। আমি আগামীকাল আমার ভাইকে সঙ্গে নিয়ে আসব।	OK. Thank you. I shall come tomorrow with my brother. (ও.কে., থ্যাঙ্ক ইউ। আই শ্যাল কাম টুমরো উইথ মাই ব্রাদার)
ম্যানেজার-এই নিন ফর্মগুলি।- এগুলি পূর্ণ করে নিয়ে আসবেন।	Here are the forms. Brings these duly filled in. (হিয়ার আর দ্য ফর্মস। ব্রিং দিজ ডিউলি ফিলড ইন্।)
গ্রাহক- ঠিক আছে। আমি আগামীকাল আসব।	OK. I shall come tomorrow. (ও.কে.! আই শ্যাল কাম টুমরো)
মেনেজার-আপনি আসার জন্য ধন্যবাদ। আশা করছি আগামীকাল দেখা হবে।	Thank you for the visit. Hope to see you tomorrow. (থ্যাঙ্ক য়ু ফর দ্য ভিজিট। হোপ টু সী য়ু টুমরো)
গ্রাহক- কস্ট করার জন্য ধন্যবাদ। আচ্ছা. নমস্কার।-	Thank you for the trouble. Well, good bye. (থ্যাঙ্ক য়ু ফর দ্য ট্রাবল। ওয়েল. গুড বাই)
ম্যানেজার-নমস্কার।	Good bye. (গুড বাই)

35

রেলওয়ে প্ল্যাটফর্মে

ON THE RAILWAY PLATFORM
(অন্ দ্য রেলওয়ে প্ল্যাটফর্ম)

1-ম যাত্রী–আপনি কি বলতে পারেন 3 নং প্ল্যাটফর্ম কোন্ দিকে ?	Can you tell me where is platform no 3? (ক্যান য়ু টেল মী হোয়্যার ইজ প্ল্যাটফর্ম নং 3 ?)
কুলি– ব্রীজের ওপরে ডান দিকে, ওখানে লেখাও রয়েছে।	Across the over bridge to the right, it is written there. (এ্যাক্রস দ্য ওভারব্রীজ টু দ্য রাইট, ইট ইজ রিটন দেয়ার)
1-ম যাত্রী–মুম্বাই যাবার ডিল্যুক্স 3 নং প্ল্যাটফর্ম আসে, তাই না ?	Mumbai bound deluxe arrives on platform no 3 isn't it? (মুম্বাই বাউণ্ড ডিল্যুক্স এ্যারাইভস অন্ প্ল্যাটফর্ম নং 3, ইজন্ট ইট ?)
কুলি– আজ্ঞে হ্যাঁ, তিন নম্বরেই আসে।	Yes please, it comes on three. (ইয়েস প্লীজ, ইট কামস অন থ্রী)
1-ম যাত্রী–ধন্যবাদ, ভাই।	Thank you, brother. (থ্যাঙ্ক য়ু, ব্রাদার)
2-য় যাত্রী–আপনি কি মুম্বাই যাচেছন ? আমিও সেখানে যাচ্ছি, দুজনে এক সঙ্গে যেতে পারব।	Are you proceeding to Mumbai? I'm also going there, it would be a good company. (আর য়ু প্রসিডিং টু মুম্বাই ? আই'ম অল্সো গোয়িং দেয়ার, ইট উড বী এ গুড কম্পানি)
1-ম যাত্রী–এতো ভালোই, যাত্রা আনন্দময় হবে।	It is very nice, the journey would be pleasant. (ইট ইজ ভেরী নাইস, দ্য জার্নি উড বী প্লেজেন্ট)
2-য় যাত্রী–ট্রেনটি মুম্বাই পৌঁছতে কত সময় নেবে ?	How long will the train take to reach Mumbai? (হাউ লং উইল দ্য ট্রেন টেক টু রীচ মুম্বাই ?)
1-ম যাত্রী–আনুমানিক 24 ঘণ্টা।	Near about 24 hours. It is more

তেরোশো কিলোমিটারেরও বেশী দূরত্বের পথ।	than thirteen hundred kms. journey. (নিয়ার এ্যাবাউট 24 আওয়ার্স। ইট ইজ মোর দ্যান থার্টিন হাণ্ড্রেড কিলোমিটার্স জার্নি)
2-য় যাত্রী–আপনার সঙ্গে শুধু এই অ্যাটাচিটা আছে ?	You have only this attache? (ইউ হ্যাভ ওন্‌লী দিস এটাচে ?)
1-ম যাত্রী–আজ্ঞে হ্যাঁ. আমি হাল্কা মাল নিয়ে ভ্রমণ করি।	Yes please, I like to travel light. (ইয়েস প্লীজ, আই লাইক টু ট্রাভেল লাইট)
2-য় যাত্রী–আপনি কি বেড়াতে যাচ্ছেন. না সেখানে আপনি বাস করেন ?	Are you going on a pleasure trip or do you live there? (আর য়ু গোয়িং অন্ এ প্লেজার ট্রিপ অর য়ু লিভ দেয়ার ?)
1-ম যাত্রী–হ্যাঁ, আমি সেখানে বাস করি। আন্ধেরীতে আমার একটি বড় বইয়ের দোকান আছে। আমি একজন প্রকাশক।	Yes, I live there, at Andhery I own a big book shop, I am a publisher. (ইয়েস, আই লিভ দেয়ার। এ্যাট আন্ধেরী আই ওন এ বিগ বুক শপ। আই এ্যাম এ পাব্লিশার)
2-য় যাত্রী–আমি এই প্রথমবার সেখানে যাচ্ছি। আপনি দয়া করে সেখানকার দর্শনীয় স্থানগুলির নাম আমায় বলবেন কি ?	I'm going there for the first time on a pleasure trip. Would you kindly tell me the names of places of tourist interest there? (আই'ম গোয়িং দেয়ার ফর দ্য ফার্স্ট টাইম। উড য়ু কাইণ্ডলি টেল মী দ্য নেমস অফ্ প্লেসেস অফ্ ট্যুরিস্ট ইন্টারেস্ট ?)
1-ম যাত্রী–কেন নয় ? আর দু-একবার আমিও ওখানে আপনার সঙ্গী হতে পারব।	Why not, and I would be glad to accompany you once or twice there. (হোয়াই নট ? এ্যাণ্ড আই উড বী গ্ল্যাড টু এ্যাকমপ্যানি য়ু ওয়ান্স অর টোয়াইস দেয়ার)
2-য় যাত্রী–আপনাকে অনেক	Thanks so much, but I don't

ধন্যবাদ, কিন্তু আমি আপনাকে বিব্রত করতে চাই না, কারণ আপনি একজন ব্যস্ত মানুষ।	want to trouble you, because you are a busy man. (থ্যাঙ্কস সো মাচ, বাট আই ডোন্ট ওয়ান্ট টু ট্রাবল য়ু, বিকজ য়ু আর এ বীজি ম্যান)
1-ম যাত্রী–এতে অসুবিধার কি আছে ?	What's there of trouble in it? (হোয়াট ইজ দেয়ার অফ ট্রাবল ইন্ ইট ?)
2-য় যাত্রী–আমার এক বন্ধু সেখানে থাকেন, কিন্তু আমি সেখানে অবশ্যই আপনার সঙ্গে দেখা করব এবং তখন আমরা একটা প্রোগ্রাম তৈরী করব।	A friend of mine lives there, but I would certainly like to see you there, and then we shall chalk out a programme. (এ ফ্রেণ্ড অফ্ মাইন লিভস দেয়ার, বাট আই উড সার্টেনলি লাইক টু সী য়ু দেয়ার এ্যাণ্ড দেন উইল শ্যাল চক আউট এ প্রোগ্রাম)
1-ম যাত্রী–ঠিক আছে, আপনি যা ভালো মনে করেন। আমাদের বাড়ীতে যে কোন সময় আপনার আমন্ত্রণ রইল।	O.K., as you please. You are most welcome at our house any time. (ওকে, এ্যাজ য়ু প্লীজ। য়ু আর মোস্ট ওয়েলকাম এ্যাট আওয়ার হাউস এনি টাইম)
2-য় যাত্রী–দয়া করে আমাকে আপনার ঠিকানা দিন।	You please give me your address. (য়ু প্লীজ গিভ মী ইয়োর এ্যাড্রেস)
1-ম যাত্রী–নিশ্চয়ই ট্রেনে আপনাকে আমার ঠিকানা এবং টেলিফোন নম্বর দেব।	Certainly, I shall give you my address and telephone no, in the train. (সার্টেনলি, আই শ্যাল গিভ য়ু মাই এ্যাড্রেস এ্যাণ্ড টেলিফোন নাম্বার ইন্ দ্য ট্রেন)
2-য় যাত্রী–বেশ, তাহলে আসুন এক পেয়ালা চা খাওয়া যাক, ট্রেন ছাড়তে এখনো দেরী আছে।	Well, let us have a cup of tea, still there is time in train's departure. (ওয়েল, লেট আস হ্যাভ এ কাপ অফ টী, স্টিল দেয়ার ইজ টাইম ইন্ ট্রেন্স ডিপারচার)

36
শিষ্টাচার

GOOD MANNERS (গুড ম্যানার্স)

গোবিন্দ– শিষ্টাচার মানুষকে পশু থেকে পৃথক করে।	Good manners separate men from animals. (গুড ম্যানার্স সেপারেট মেন ফ্রম এনিম্যালস)
উইলসন–এতে সন্দেহের কোন কারণ নেই। এটি আমাদের পক্ষে অত্যন্ত প্রয়োজনীয়।	There is no doubt in it. It is very essential for us. (দেয়ার ইজ নো ডাউট ইন ইট। ইট ইজ ভেরী এসেনশিয়াল ফর আস)
গোবিন্দ– শিষ্টাচার বাল্যকালেই শেখা যায়। এতে কোন খরচ নেই।	Good manners can be learnt in childhood.•These do not cost anything. (গুড ম্যানার্স ক্যান বী লার্ট ইন্ চাইল্ডহুড। দিজ ডু নট কস্ট এনিথিং)
উইলসন–আমাদের সামাজিক সম্বন্ধ এর উপরই দাঁড়িয়ে আছে। শিষ্টাচার আমাদের জীবনকে কত মধুর করে।	Our social relations are based on these. Good manners make our life so sweet. (আওয়ার সোশ্যাল রিলেসনস আর বেসড্ অন্ দিজ। গুড ম্যানার্স মেক আওয়ার লাইফ সো স্যুইট)
গোবিন্দ– আমরা যে শিক্ষিত এবং সভ্য, সেটা একমাত্র শিষ্টাচারই প্রকাশ করে।	Good manners only show that we are cultured and educated. (গুড ম্যানার্স ওনলী শো দ্যাট উই আর কালচার্ড এ্যাণ্ড এডুকেটেড)
উইলসন–হ্যাঁ, একজন শিষ্টাচারহীন ব্যক্তি তো আসলে বর্বর।	Yes, a man without good manners is really a savage. (ইয়েস, এ ম্যান উইদাউড গুড ম্যানার্স ইজ রিয়েলী এ স্যাভেজ)
গোবিন্দ– এটা খুবই জরুরী যে, শিশুদের একেবারে শুরু থেকেই শিষ্টাচার শেখানো হোক। অশিস্ট বাচ্চারা তাদের মা-বাবা এবং	It is necessary that children are taught good manners from the very beginning. Ill mannered children bring bad name to their parents and school.

এবং স্কুলের জন্য বদনাম কুড়োয়।	(ইট ইজ নেসেসারি দ্যাট চিল্ড্রেন আর টট গুড ম্যানার্স ফ্রম দ্য ভেরী বিগিনিং। ইল ম্যানার্ড চিলড্রেন ব্রিং ব্যাড নেমস টু দেয়ার পেরেন্টস এ্যাণ্ড স্কুল)
উইলসন–কখনো-কখনো ভালো পরিবারের বাচ্চারাও অশিষ্ট ব্যবহার করে।	Sometimes even the children belonging to good families show ill manners. (সামটাইমস ইভন দ্য চিল্ড্রেন বিলঙ্গিং টু গুড ফ্যামিলিজ শো ইল ম্যানার্স)
গোবিন্দ– সেজন্য শিক্ষকদের এবং বাবা-মায়ের এ বিষয়ে বিশেষ দৃষ্টি দেওয়া আবশ্যক।	Therefore teachers and parents should pay special attention towards it. (দেয়ারফোর টীচার্স এ্যাণ্ড পেরেন্টস শুড পে স্পেশাল এ্যাটেনশন টুওয়ার্ডস ইট)
উইলসন–বাচ্চারা বড়দের কাছ থেকে শেখে। যদি বড়রা শিষ্টাচার পালন করেন, তবে বাচ্চারাও করবে।	Children learn from elders. If elders observe the good manners, then children are bound to follow. (চিল্ড্রেন লার্ন ফর্ম এল্ডার্স। ইফ্ এল্ডার্স অবজার্ভ দ্য গুড ম্যানার্স, দেন চিল্ড্রেন আর বাউণ্ড টু ফলো।
গোবিন্দ– শিষ্টাচারের আধার হল ভদ্রতা আর বিনম্রতা।	Good manners are based on courtesy and politeness. (গুড ম্যানার্স আর বেসড্ অন কার্টসি এ্যাণ্ড পোলাইটনেস)
উইলসন–'ধন্যবাদ', 'অনুগ্রহ করে', 'দুঃখিত' – এই রকম শব্দগুলি খুবই গুরুত্বপূর্ণ এবং মূল্যবান। এগুলির দ্বারা জীবন কত সহজ এবং সরল হয়।	How important and valuable are the words like 'thank you', 'please', sorry'! How easy and simple they make our life. (হাউ ইম্পর্ট্যান্ট এ্যাণ্ড ভ্যালুয়েবল আর দ্য ওয়ার্ডস লাইক 'থ্যাঙ্ক য়ু' 'স্যরি', 'প্লীজ'! হাউ ইজি এ্যাণ্ড সিম্পল দে মেক আওয়ার লাইফ)
গোবিন্দ– যদি আমাদের কখনো কোন বিষয়ে 'না'-ও	Even if we have to say 'No' for something, we can say it in very

বলতে হয়, আমরা এটা অত্যন্ত বিনম্র শব্দে বলতে পারি। — polite words. (ইফ উই হ্যাভ টু সে 'নো' ফর সামথিং, উই ক্যান সে ইট ইন্ ভেরী পোলাইট ওয়ার্ডস)

উইলসন–প্রত্যেকেরই অন্যের অনুভূতিকে শ্রদ্ধা জানানো শেখা উচিত। — All should learn to respect the feeling of others. (অল শুড লার্ন টু রেসপেক্ট দ্য ফীলিংস অফ্ আদার্স)

গোবিন্দ– অন্যের কথা আমাদের ধৈর্য্য সহকারে শোনা উচিত। যতদূর সম্ভব অন্যের ধর্মীয় ভাবনাকে আমাদের শ্রদ্ধা করা উচিত। — We should listen others patiently. As far as possible we should respect the religious feelings of others. (উই শুড লিসন আদার্স পেশেন্টলি। এ্যাজ ফার এ্যাজ পসিবল উই শুড রেসপেক্ট দ্য রিলিজিয়াস ফীলিংস অফ্ আদার্স)

উইলসন–হাঁচবার বা কাশবার সময় আমাদের নাক বা মুখ সর্বদা ঢেকে রাখা উচিত। — While sneezing or coughing, we should always keep our nose or mouth covered. (হোয়াইল স্নিজিং অর কাফিং, উই শুড অলওয়েজ কীপ আওয়ার নোজ অর মাউথ কভার্ড!)

গোবিন্দ– বয়স্ক লোক, মহিলা এবং শিশুদের প্রতি সহানুভূতিপূর্ণ বিবেচনাও শিষ্টাচারের একটি অঙ্গ। — Consideration for elders, ladies and children is also a part of good manners. (কনসিডারেশন ফর এল্ডার্স, লেডিজ এ্যাণ্ড চিল্ড্রেন ইজ অল্সো এ পার্ট অফ্ গুড ম্যানার্স)

উইলসন–সৎ এবং নীতিসম্পন্ন ব্যক্তিরা সর্বদাই বিনম্র হন এবং অন্যের প্রতি খেয়াল রাখেন। — Good and virtuous people are always humble and they mind others. (গুড এ্যাণ্ড ভার্চুয়াস পীপল আর অলওয়েজ হাম্বল এ্যাণ্ড দে মাইণ্ড আদার্স)

গোবিন্দ– কারো অসাক্ষাতে তার সম্বন্ধে নিন্দা করা আমাদের উচিত নয়। — We should not speak ill of others on their backs. (উই শুড নট স্পীক ইল অফ্ আদার্স অন্ দেয়ার ব্যাকস)

37

ঠিকানা জিজ্ঞাসা করা

ASKING THE ADDRESS (আস্কিং দ্য এ্যাড্রেস)

নবাগত–	শুনুন ভাই! আপনি কি আমায় সাহায্য করবেন? এখানে আমি নবাগত।	Oh brother! Can you help me? I'm a stranger here. (ওহো ব্রাদার! ক্যান য়ু হেল্প মী? আই'ম এ স্ট্রেঞ্জার হিয়ার)
পথিক–	নিশ্চয়ই, খুব খুশীর সঙ্গে। বলুন, আপনার জন্য আমি কি করতে পারি?	Why not, with great pleasure. Tell me what can I do for you? (হোয়াই নট, উইথ গ্রেট প্লেজার। টেল মী হোয়াট ক্যান আই ডু ফর য়ু?)
নবাগত–	আপনি আমাকে এই ঠিকনাটি বলতে পারেন? খুব উপকার হবে। এক ঘন্টা যাবত আমি ঠিকনাটি খুঁজছি।	Can you tell me this address? I would be very kind of you. I have been searching for an hour. (ক্যান য়ু টেল মী দিস এ্যাড্রেস? ইট উড বী ভেরী কাইণ্ড অফ্ য়ু! আই হ্যাভ বীন সার্চিং ফর এ্যান আওয়ার)
পথিক–	আমাকে ঠিকানাটি দেখান।	Show me the address. (শো মী দ্য এ্যাড্রেস)
নবাগত–	এই নিন।	Here it is. (হিয়ার ইট ইজ)
পথিক–	আপনাকে 10A/22 সুকিয়া স্ট্রীট যেতে হবে। আমিও সেদিকেই থাকি, কিন্তু এখন আমাকে হাসপাতালে যেতে হচ্ছে। না হলে আমি আপনাকে সঙ্গে করে নিয়ে যেতে পারতাম।	You have to go to 10A/22, Shakti Nagar : I also live at that side, but at present, I have to go to the hospital, otherwise I could have accompanied you. (য়ু হ্যাভ টু গো টু 10A/22 সুকিয়া স্ট্রীট। আই অ্যাল্সো লিভ এ্যাট দ্যাট সাইড, বাট এ্যাট প্রেজেন্ট, আই হ্যাভ টু গো টু দ্য হসপিটাল। আদারওয়াইজ আই কুড হ্যাভ এ্যাকম্প্যানিড য়ু)
নবাগত–	তাতে কি হয়েছে, আপনি দয়া করে আমাকে সামান্য নির্দেশ দিন, আমি নিজেই চলে যাব।	No matter, you please guide me a little, I shall go myself. (নো ম্যাটার, য়ু প্লীজ গাইড মী এ লিটল, আই শ্যাল গো মাইসেল্ফ)

পথিক– আপনি এখন মানিকতলা মোড়ে দাঁড়িয়ে আছেন। আপনি পরের চৌমাথায় যান এবং ডান দিকে মোড় নিন। ওখানে কোনে একটি স্টেশনারী দোকান আছে– কমলা এজেন্সী।	Now you are standing at the Manicktolla crossing. Do you see that circle? Go there and turn to the left. There at the corner is a stationery shop– Kamala Agency. (নাউ য়্যু আর স্ট্যাণ্ডিং এ্যাট দ্য মানিকতলা ক্রসিং। য়্যু রীচ দ্য নেক্সট্ ক্রসিং এ্যাণ্ড টার্ন টু দ্য রাইট। দেয়ার এ্যাট দ্য কর্নার ইজ এ স্টেশনারী শপ – কমলা এজেন্সী)
নবাগত– কি নাম বললেন ?	What name did you say? (হোয়াট নেম্ ডীড য়্যু সে ?)
পথিক– কমলা এজেন্সী। সোজা ওখান থেকে আপনি আনুমানিক একশো পা এগোবেন এবং তার পর কাউকে জিজ্ঞেস করে নেবেন।	Kamala Agency. From there you go straight about hundred paces and then ask somebody. (কমলা এজেন্সী। ফ্রম দেয়ার য়্যু গো স্ট্রেট এ্যাবাউট হাণ্ড্রেড পেসেস এ্যাণ্ড দেন আস্ক সামবডি)
নবাগত– ধন্যবাদ, আমি ওখানে পুনরায় কাউকে জিজ্ঞেস করে নেব।	Thanks, I shall ask again somebody there. (থ্যাঙ্কস, আই শ্যাল আস্ক এগেন সামবডি দেয়ার)
পথিক– হ্যাঁ, জিজ্ঞেস করে নেবেন। ওটি ওখান থেকে খুব কাছে। এখন আপনার আর কোন অসুবিধা হবে না।	Yes, ask there. It is there nearby. Now, you will face no difficulty. (ইয়েস, আস্ক দেয়ার। ইট ইজ দেয়ার নিয়ারবাই। নাউ ইউ উইল ফেস নো ডিফিকাল্টি)
নবাগত– পুনরায় ধন্যবাদ।	Thank you once again. (থ্যাঙ্ক য়্যু ওয়ান্স এগেন)
পথিক–এটা কি 10A ব্লক ?	Is it block 10A? (ইজ ইট ব্লক 10A?)
২য় পথিক–হ্যাঁ, আপনি কার বাড়ীতে যাবেন ?	Yes, at whose house you have to go? (ইয়েস, এ্যাট হুজ হাউস য়্যু হ্যাভ টু গো ?)
নবাগত– আমি মিস্টার সেনের বাড়ী যাব।	I have to go to Mr. Sen's house. (আই হ্যাভ টু গো টু মি. সেন'স হাউস)

২য় পথিক–আপনি একটু এগিয়ে এসেছেন। ঐ যে কোনের বাড়ীটি দেখুন। ঐ বাড়ীর পরে পঞ্চম বাড়ীটি মিস্টার সেনের।	You have come a little ahead. There you see that corner house, fifth from that is Mr. Sen's house. (য়ু হ্যাভ কাম এ লিটল এ্যাহেড। দেয়ার য়ু সী দ্যাট কর্ণার হাউস, ফিফথ্ ফ্রম দ্যাট ইজ মি. সেন'স)
নবাগত– ধন্যবাদ।	Thank you. (থ্যাঙ্ক য়ু)
নবাগত–এটি কি 10A/22?	Is this 10A/22? (ইজ দিস 10A/22?)
ভৃত্য– আজ্ঞে হ্যাঁ, এটি তাই। আপনি কার সঙ্গে দেখা করবেন ?	Yes please, it is. Whom do you want to see? (ইয়েস প্লীজ, ইট ইজ। হুম ডু য়ু ওয়ান্ট টু সী ?)
নবাগত– আমি মিস্টার সেনের সঙ্গে দেখা করতে চাই।	I want to see Mr. Sen. (আই ওয়ান্ট টু সী মি. সেন)
ভৃত্য– মি. সেন তো এখন এখানে নেই। বাজারে গেছেন।	Mr.Sen is not here at present. He has gone to bazaar for some work. (মি. সেন ইজ নট হিয়ার এ্যাট প্রেজেন্ট। হী হ্যাজ গন টু মার্কেট)
নবাগত– কোন ক্ষতি নেই। শ্রীমতি সেন বাড়ী আছেন বোধহয়। আমি তাঁর আত্মীয়। দিল্লী থেকে এসেছি।	Never mind. Mrs. Sen might be there, I am her relative, I have come from Saharanpur. (নেভার মাইণ্ড। মিসেস সেন মাইট বী দেয়ার। আই এ্যাম হার রিলেটিভ, আই হ্যাভ কাম ফ্রম দেল্হী)
ভৃত্য– আচ্ছা! আপনি মিস্টার দে। ব্যাগটি আমায় দিন এবং দয়া করে ভিতরে আসুন। মিস্টার সেন সকালবেলাই আপনার নাম করছিলেন।	Well! You are Mr. Dey, Give me this bag and come in please. Mr. Sen was mentioning you only in the morning. (ওয়েল! য়ু আর মি. দে। গিভ মী দিস ব্যাগ এ্যাণ্ড কাম ইন্ প্লীজ। মি. সেন ওয়াজ মেনশনিং য়ু ওন্‌লী দ্য মর্নিং)

38

দুই বন্ধু

TWO FRIENDS (টু ফ্রেণ্ডস)

গীতা–	এই যে কবিতা! কেমন আছো ?	Hello, Kavita how do you do? (হ্যালো, কবিতা! হাউ ডু ইউ ডু ?)
কবিতা–	ধন্যবাদ, আমি ভালো আছি। তুমি কেমন আছো ?	I am fine, Thank you. How are you? (আই এ্যাম ফাইন, থ্যাঙ্ক য়ু। হাউ আর য়ু ?)
গীতা–	ধন্যবাদ, আমিও বেশ ভালো আছি।	I am also quite well, thank you. (আই এ্যাম ক্যোয়াইট ওয়েল, থ্যাঙ্ক য়ু)
কবিতা–	আজ এদিকে কোথায় ?	Where hither today? (হোয়্যার হিদার টুডে ?)
গীতা–	সম্প্রতি আমার কাকা মুম্বাই থেকে এসেছেন। তিনি এই কলোনীতে বাস করেন। আমি তাঁর সঙ্গে দেখা করতে যাচ্ছি।	Just recently my uncle has come from Mumbai. He has been living in this colony. I was going to see him. (জাস্ট রিসেন্টলী মাই আঙ্কল হ্যাজ কাম ফ্রম মুম্বাই। হী হ্যাজ বীন লিভিং ইন্ দিস কলোনী। আই ওয়াজ গোয়িং টু সী হিম)
কবিতা–	তোমার খুব তাড়া আছে কি ?	You are not in a hurry, are you? (য়ু আর নট ইন্ এ হারী, আর য়ু ?)
গীতা–	না, আমার তেমন কোন তাড়া নেই।	No, I am not in such a hurry. (নো, আই এ্যাম নট ইন্ সাচ এ হারী।)
কবিতা–	কত দিন বাদে আমাদের দেখা হল। আমাদের বাড়ী চল।	We have met after such a long time. Come to our house with me. (উই হ্যাভ মেট আফটার সাচ এ লং টাইম। কাম টু আওয়ার হাউস উইথ মী)
গীতা–	আমি কিন্তু বেশীক্ষন বসতে পারব না।	But I shall not be able to stay long. (বাট আই শ্যাল নট বী এবল্ টু স্টে লং)

কবিতা–	না, আমি তোমায় বেশীক্ষন আটকে রাখব না। এই কাছেই আমাদের বাড়ী। মাত্র তিন মিনিটের পথ। মা তোমাকে দেখে খুব খুশী হবেন।	No, I shall not detain you long. Here nearby is the house. It is three minutes walk, that's all. Mother will be very much pleased to see you. (নো, আই শ্যাল নট ডিটেন য়ু লং। হিয়ার নিয়ারবাই ইজ আওয়ার হাউস। ইট ইজ থ্রী মিনটস ওয়াক, দ্যাটস অল। মাদার উইল বী প্লীজড টু সী য়ু)
গীতা–	তুমি আজকাল কি করছ ?	What are you doing these days? (হোয়াট আর য়ু ডুইং দিজ ডেজ ?)
কবিতা–	বিশেষ কিছুই নয়।	Nothing special. (নাথিং স্পেশাল)
গীতা–	তা হলেও তুমি নিশ্চয়ই কিছু করছ। তুমি অলস বসে থাকার মত মেয়ে নও।	Even then you must be doing something. You are not a soul to sit idle. (ইভেন দেন য়ু মাস্ট বী ডুইং সামথিং। য়ু আর নট এ লেডী টু সীট আইডল)
কবিতা–	আমি জার্মান ভাষায় ডিপ্লোমা করছি।	I am doing diploma in German language. (আই এ্যাম ডুইং ডিপ্লোমা ইন্ জার্মান ল্যাঙ্গুয়েজ)
গীতা–	কবে থেকে ? এটা করবার প্রয়োজনীয়তা কি ?	Since when? What is the necessity of it? (সিন্স হোয়েন ? হোয়াট ইজ দ্য নেসেসিটি অফ্ ইট ?)
কবিতা–	একটি উদ্দেশ্য নিয়ে আমি এটি করছি।	I'm doing it with a purpose. (আই'ম ডুইং ইট উইথ এ পারপাস)
গীতা–	তাহলে আমায় বল। এতে লুকোবার কি আছে ?	Then tell me. What is there to hide in it. (দেন টেল মী। হোয়াট ইজ দেয়ার টু হাইড ইন্ ইট ?)
কবিতা–	আচ্ছা বলছি। ব্যাপারটা হল এই যে...!	O.K. I tell you. The thing is this... (ওকে। আই টেল য়ু। দ্য থিং ইজ দিস...)
গীতা–	আরে, থেমে গেলে কেন ?	Oh! Why have you stopped? Tell me, what's the matter? (ওহো! হোয়াই হ্যাভ য়ু স্টপড্ ?

		টেল মী, হোয়াটস দ্য ম্যাটার ?)
কবিতা–	শীঘ্রই আমার বিয়ে হবে। ভাবী বর জার্মানীতে থাকে এবং সেখানে একজন ইঞ্জিনিয়ার।	I'm going to be married. The would be husband is in Germany and is an engineer there. (আই'ম গোয়িং টু বী ম্যারেড ভেরী সুন। দ্য উড বী হাজব্যাণ্ড ইজ ইন্ জার্মানী এ্যাণ্ড ইজ এ্যান ইঞ্জিনিয়ার)
গীতা–	এই ব্যাপার! এজন্যই তুমি লজ্জা বোধ করছিলে। তোমাদের পাকা দেখা করে হ'ল ?	This is the affair. That's why you were feeling shy. When were you engaged? (দিস ইজ দ্য ম্যাটার। দ্যাটস হোয়াই য়্যু ওয়্যার ফীলিং শাই। হোয়েন ওয়্যার য়্যু এন্‌গেজড ?)
কবিতা–	গত বৎসর মার্চ মাসে। এবার তুমি আমায় তোমার বিষয়ে বল। তুমি কি করছ ?	Last year in the month of March. Now, you tell me about yourself. What are you doing? (লাস্ট ইয়ার ইন্ দ্য মান্থ্ অফ্ মার্চ। নাউ, য়্যু টেল মী এ্যাবাউট ইয়োরসেল্ফ। হোয়াট আর য়্যু ডুইং ?)
গীতা–	আমি একটি কোম্পানীতে সেক্রেটারীর পদে কাজ করছি।	I am working as a Secretary in a Company. (আই এ্যাম ওয়ার্কিং এ্যাজ এ সেক্রেটারী ইন্ এ কম্পানী)
কবিতা–	খুব চালাক, এতক্ষন জানাওনি।	You are very clever, did not even inform. (য়্যু আর ভেরী ক্লেভার, ডিড নট ইভন ইনফর্ম)

39
জন্মদিবসে
ON BIRTHDAY (অন বার্থডে)

মা–	সুরেশ এখনো ফেরেনি। তোমাদের দেরী হয়ে যাচ্ছে।	Why has Suresh not returned yet? You are getting late. (সুরেশ নট রিটার্নড ইয়েট? য়্যু আর গেটিং লেট)
নীরা–	সে এখুনি ফিরে আসবে, মা।	He will just be back mother. (হী উইল জাস্ট বী ব্যাক, মাদার)
মা–	কিন্তু সে কোথায় গেছে?	But where has he gone? (বাট হোয়্যার হ্যাজ হী গন?)
নীরা–	গীতার জন্য একটি উপহার কেনার জন্য সে বাজারে গেছে।	He has gone to the market to buy a present for Geeta. (হী হ্যাজ গন টু দ্য মার্কেট টু বাই এ প্রেজেন্ট ফর গীতা)
মা–	তোমাদের কি এটা আগে মনে ছিল না?	Didn't you remember this before? (ডিডন্ট য়্যু রিমেমবার দিস বীফোর?)
নীরা–	হ্যাঁ, কিন্তু গীতার উপযুক্ত কিছু গতকাল আমরা খুঁজে পাইনি।	Yes, but we couldn't find anything suitable for Geeta yesterday. (ইয়েস, বাট উই কুড্ন্ট ফাইণ্ড এনিথিং স্যুটেবল ফর গীতা ইয়েস্টারডে)
মা–	তাহলে তোমরা ওকে কি দেবে ভেবেছ?	Then what have you thought to give her? (দেন হোয়াট হ্যাভ য়্যু থট টু গিভ হার?)
নীরা–	আমরা ওকে শরৎচন্দ্রের তিনটি উপন্যাসের একটি সেট দিচ্ছি।	We are giving her a set of three novels of Sarat Chandra. (উই আর গিভিং হার এ সেট অফ্ থ্রী নভেলস্ অফ্ শরৎচন্দ্র)
মা–	বাহ! এতো খুব ভালো বুদ্ধি। এটা কে ভেবেছে?	Oh! This is a very good idea. Who thought it? (ওহো! দিস ইজ এ ভেরী গুড আইডিয়া। হু থট ইট?)

নীরা– এটা সুরেশের বুদ্ধি। ও জানে যে গীতার সাহিত্যের প্রতি গভীর অনুরাগ আছে।	It was Suresh's idea. He knows that Geeta is keenly interested in literature. (ইট ওয়াজ সুরেশ'স আইডিয়া। হী নোজ দ্যাট গীতা ইজ কীনলি ইন্টারেস্টেড ইন্ লিটারেচার)
মা– ঠিক আছে, এখন তাড়াতাড়ি কর। তোমরা যদি সময়মতো না পৌঁছাও, তবে ওর মন খারাপ হবে।	All right, now you hurry up. If you don't reach in time, she would feel bad. (অল রাইট। নাউ হারী আপ্। ইফ্ য়ু ডোন্ট রীচ ইন্ টাইম, শী উড ফীল ব্যাড)
নীরা– আচ্ছা মা। দেখো, সুরেশ এসে গেছে। আমরা যাচ্ছি।	O.K. Mummy. See, Suresh has come. We are going now. (ওকে মাম্মী। সী, সুরেশ হ্যাজ কাম। উই আর গোয়িং নাউ।)
(গীতার বাড়ীতে)	**At Geeta's house.** **(এ্যাট গীতাজ হাউস)**
গীতা– এই যে, নীরা আর সুরেশ! কেমন আছো?	Hello, Neera and Suresh! How are you? (হ্যালো, নীরা এ্যাণ্ড সুরেশ! হাউ আর য়ু?)
নীরা– শুভ জন্মদিন, গীতা!	Happy birthday to you Geeta. (হ্যাপী বার্থডে টু য়ু, গীতা!)
সুরেশ– এই শুভদিন বার-বার আসুক।	Many happy returns of the day. (মেনী হ্যাপী রিটার্নস অফ্ দ্য ডে)
গীতা– এই শুভ কামনার জন্য তোমাদের দুজনকে ধন্যবাদ।	Thanks, to both of you for these good wishes. (থ্যাঙ্কস টু বোথ অফ্ য়ু ফর দিজ গুড উইশেজ)
সুরেশ– গীতা, তোমাকে আজ খুব সুন্দর দেখাচ্ছে। এই পোশাকে তোমাকে খুব সুন্দর মানিয়েছে।	Geeta, you are looking so charming today. This attire suits you perfectly. (গীতা, য়ু আর লুকিং সো চার্মিং টুডে। দিস এ্যাটায়ার স্যুটস য়ু পারফেক্টলী)

নীরা– হ্যাঁ, গীতা তোমাকে আজ সত্যিই খুব সুন্দর দেখাচ্ছে।	Yes, Geeta you are indeed looking very pretty today. (ইয়েস, গীতা য়ু আর ইনডীড্ লুকিং ভেরী প্রেটী টুডে)
গীতা– ধন্যবাদ! চলো, ভেতরে যাই।	Thanks! Now let us move inside. (থ্যাঙ্কস! নাউ লেট আস মুভ ইন্সাইড)
সুরেশ– এটা তোমার জন্য একটি বিশেষ উপহার।	Here is a special gift for you. (হিয়ার ইজ এ স্পেশাল গিফ্ট ফর য়ু)
গীতা– এটা কি?	What's it? (হোয়াটস ইট?)
মীরা– নিজেই খুলে দেখে নাও।	Unpack it your self and see. (আনপ্যাক্ ইট ইওরসেল্ফ এ্যাণ্ড সী)
গীতা– আরে! শরৎচন্দ্রের উপন্যাস! শরৎচন্দ্র আমার প্রিয় ঔপন্যাসিক আর মহেশ আমার পাঠ্যসূচীর অন্তর্ভুক্ত।	Oh! Novels of Sarat Chandra! Sarat Chandra is my favourite novelist and Mahesh is also precribed in my course. (ওহো!, নভেলস্ অফ্ শরৎচন্দ্র! শরৎচন্দ্র ইজ মাই ফেভারিট নভেলিস্ট এ্যাণ্ড মহেশ ইজ অল্সো প্রেসক্রাইবড্ ইন্ মাই কোর্স)
সুরেশ– তাহলে বইগুলি তোমার পছন্দ হয়েছে?	So you like the books? (সো য়ু লাইক দ্য বুক্স?)
গীতা– হ্যাঁ, ভীষণ। এই বিশেষ উপহারের জন্য বিশেষ ধন্যবাদ।	Yes, very much. Special thanks for this special gift. (ইয়েস, ভেরী ম্যাচ। স্পেশাল থ্যাঙ্কস ফর দিস স্পেশাল গিফ্ট)
নীরা– আর সবাই কোথায়?	Where are the all others. (হোয়্যার আর অল আদার্স?)
গীতা– সবাই ভেতরে অপেক্ষা করছে। এখন তোমরা দুজনেও এসো এবং সামান্য কিছু জলযোগ কর।	All are waiting inside. Now you two also come and have some refreshments. (অল আর ওয়েটিং ইন্সাইড। নাউ য়ু টু অল্সো কাম এ্যাণ্ড হ্যাভ সাম রিফ্রেশমেন্টস)

40

পণপ্রথা

DOWRY SYSTEM (ডাউরি সিস্টেম)

পুনম– আমাদের সমাজে এখনো কত অন্ধবিশ্বাস এবং কুরীতি রয়েছে।	Still there are so many superstition and social evils in our society. (স্টিল দেয়ার আর সো মেনী সুপারস্টিশন্স এ্যাণ্ড সোশ্যাল ইভিলস ইন্ আওয়ার সোসাইটি)
রেখা– বিজ্ঞানের এত অগ্রগতি সত্ত্বেও।	In spite of so much scientific advancement. (ইন স্পাইট অফ সো মাচ সায়েন্টিফিক এ্যাডভান্সমেন্ট)
শ্যাম– আমার মনে হয় পণপ্রথা সব চেয়ে বড় সামাজিক পাপ।	I think dowry system is the worst social evil. (আই থিঙ্ক ডাউরি সিস্টেম ইজ দ্য ওয়ার্স্ট সোশ্যাল ইভিল)
রেখা– এতে কোন সন্দেহ নেই। আমাদের সমাজের মাথায় এটি সব চেয়ে বড় কলঙ্ক।	There is no doubt in it. This is the biggest disgrace on the forehead of our society. (দেয়ার ইজ নো ডাউট ইন্ ইট। দিস ইজ দ্য বিগেস্ট ডিস্‌গ্রেস অন্ দ্য ফোরহেড অফ্ আওয়ার সোসাইটি)
পুনম– গত কয়েক বৎসর যাবত তো এটি ভয়ানক ধ্বংস সাধন করে চলেছে। প্রত্যেক দিনই খবরের কাগজে যৌতুকের জন্য মৃত্যুর খবর পাওয়া যায়।	For the last few years, it has caused havoc. Every day in the news-papers there is news of dowry deaths. (ফর দ্য লাস্ট ফিউ ইয়ার্স ইট হ্যাজ় কজড হ্যাভক। এভরিডে ইন্ দ্য নিউজ-পেপার্স দেয়ার ইজ নিউজ অফ্ ডাউরি ডেথস)
শ্যাম– মেয়েদের বাবা-মায়ের জীবন দুঃখময় হয়ে উঠেছে। নিজের মেয়েকে দাও, সঙ্গে ধন-সম্পত্তিও... কিন্তু তা সত্ত্বেও মেয়ে শান্তিতে থাকছে না।	The Life of the parents of the girls has become distress-stricken. Give daughters and wealth also and even then the daughter is not in peace. (দ্য লাইফ অফ্ দ্য পেরেন্টস অফ্ দ্য গার্লস হ্যাজ বিকাম ডিসট্রেস স্ট্রিকন।

	গিভ ডটার্স এ্যাণ্ড ওয়েল্থ অল্সো এ্যাণ্ড ইভন দেন দ্য ডটার ইজ নট ইন্ পীস)
পুনম– আজকাল এটি একটি আবশ্যক পাপে পরিণত হয়েছে। একে পাপ না বলে কুষ্ঠ বলাই উচিত।	These days it has become a necessary evil. Call it leprosy, not evil. (দিজ ডেজ ইট হ্যাজ বীকাম এ নেসেসারী ইভিল। কল ইট লেপ্রসী, নট ইভিল)
রেখা– কিন্তু এখন প্রশ্ন হল এই সামাজিক কলঙ্ককে নিশ্চিহ্ন করা যায় কি করে?	But now the question is how to efface this social slur. (বাট নাউ দ্য ক্যোয়েশ্চন ইজ হাউ টু ইফেস দিস সোশ্যাল স্লারস?)
শ্যাম– সরকার পণপ্রথা বিরোধী অভিযান চালিয়ে যাচ্ছে। যৌতুক দেওয়া বা নেওয়া একটি অপরাধ, কিন্তু এ রোগ বেড়েই চলেছে।	Government is running the anti-dowry movement. Taking and giving of dowry is also a crime but the disease is on the increase. (গর্ভনমেন্ট ইজ রানিং দ্য এ্যান্টী-ডাউরি মুভমেন্ট। টেকিং এ্যাণ্ড গিভিং অফ্ ডাউরি ইজ অল্সো এ ক্রাইম, বাট দ্য ডিজিজ ইজ অন্ দ্য ইনক্রিজ)
পুনম– শুধু আইন দিয়ে সব সমাধান হয় না। এটি একটি সামাজিক সচেতনতার প্রশ্ন।	Only laws are none of much avail. It is a matter of social consciousness. (ওনলী লজ আর নট অফ্ মাচ এ্যাভেল। ইট ইজ এ ম্যাটার অফ্ সোশ্যাল কনশাসনেস)
শ্যাম– তুমি ঠিক বলেছ। এটি অত্যন্ত লজ্জাজনক পরিস্থিতি। অত্যন্ত চড়া দাম না দিলে কোন মেয়ের জন্য যোগ্য পাত্র পাওয়া অত্যন্ত মুশকিলের ব্যাপার হয়ে উঠেছে।	You are right. It is very disgraceful situation. It has become difficult to find a suitable match for a girl without paying a high price. (য়্যু আর রাইট। ইট ইজ ভেরী ডিসগ্রেসফুল সিচুয়েশন। ইট হ্যাজ বীকাম ডিফিকাল্ট টু ফাইণ্ড এ স্যুটেবল ম্যাচ ফর এ গার্ল উইদাউট পেয়িং এ হাই প্রাইস)
রেখা– যৌতুকের জন্য অসংখ্য পরিবার ধ্বংস হয়ে গেছে। হাজার-হাজার মেয়ে	Innumerable homes have been ruined because of dowry. Thousands of girls remain

	অবিবাহিত রয়েছে আর অসংখ্য মেয়ে আত্মহত্যা করছে।	unmarried and many commit suicide. (ইন্‌নুমারেবল হোম হ্যাড বীন রুইণ্ড বিকজ অফ্ ডাউরি। থাউজাণ্ডস অফ্ গার্লস রীমেন আন্ম্যারেড এ্যাণ্ড মেনী কমিট স্যুইসাইড)
পুনম–	একমাত্র এ দেশের যুবকেরাই এই পাপ ভালো ভাবে নিবারণ করতে পারবে।	Only the youth of the country can very well dispose of this evil. (ওন্‌লী দ্য ইউথ অফ দ্য কান্ট্রি ক্যান ভেরী ওয়েল ডিসপোজ অফ্ দিস ইভিল)
শ্যাম–	বহু যুবক-যুবতী এগিয়ে আসছে এবং প্রতিজ্ঞা করছে যে, তাদের বিয়েতে তারা যৌতুক গ্রহণ করবে না।	Many young boys and girls are coming forward and taking pledges that they would not accept dowry at their marriage. (মেনী ইয়ং বয়েজ এ্যাণ্ড গার্লস আর কামিং ফরওয়ার্ড এ্যাণ্ড টেকিং প্লেজেস দ্যাট দে উড নট এ্যাকসেপ্ট ডাউরি এ্যাট দেয়ার ম্যারেজ)
পুনম–	এই অন্ধকারে যুবকরাই হচ্ছে একমাত্র আশার কিরণ।	Only the young people are a ray of hope in this darkness. (দ্য ইয়ং পীপল আর এ রে অফ্ হোপ ইন্ দিস ডার্কনেস)
রেখা–	যদি প্রত্যেকটি যুবক এবং যুবতী এই অশুভ ব্যাপারটি বোঝে, তাহলে এটিকে আজই বিনাশ করা যায়।	If every young boy and girl under stand this evil, then it can be rooted out today. (ইফ্ এভরি ইয়ং বয় এ্যাণ্ড গার্ল আণ্ডারস্ট্যাণ্ড দিস ইভিল, দেন ইট ক্যান বী রুটেড আউট টুডে)
শ্যাম–	এই অভিশাপের বিরুদ্ধে তো এক জেহাদ শুরু করা উচিত।	There is a need to start a crusade against this curse. (দেয়ার ইজ এ নীড টু স্টার্ট এ ক্রুসেড এগেন্‌স্ট দিস কার্স)
সকলে–	হ্যাঁ, আমরা সবাই প্রতিজ্ঞা করছি যে, সমস্ত স্তরে আমরা যৌতুকের বিরোধিতা করব এবং আমরা আমাদের বিয়েতে যৌতুক দেবও না বা নেবও না।	Yes, we all take the pledge to oppose the dowry at all levels and we shall neither take or give dowry at the time of our marriage. (ইয়েস, উই অল টেক দ্য প্লেজ টু অপোজ দ্য ডাউরি এ্যাট অল লেভেল এ্যাণ্ড উই শ্যাল নাইদার টেক অর গিভ ডাউরি এ্যাট দ্য টাইম অফ্ আওয়ার ম্যারেজ)

41

বিজ্ঞান প্রসঙ্গে

SCIENCE TALK (সায়েন্স টক)

রূপা–	বিজ্ঞানের কি অগ্রগতিই না হয়েছে। গতকাল আমি অস্ট্রেলিয়াতে ছিলাম আর আজ এখানে।	How much science has progressed! Yesterday I was in Australia and today here. (হাউ মাচ সায়েন্স হ্যাজ প্রগেসড! ইয়েস্টারডে এ্যাণ্ড টুডে হিয়ার)
নিশা–	মানুষ মহাশূন্য বিজয় করেছে। মানুষ চাঁদেও পোঁছেছে।	Man has conquered space. Man has been on the moon too. (ম্যান হ্যাজ কংকার্ড স্পেস। ম্যান হাজ বীন অন্ দ্য মুন টু)
রীতা–	আধুনিক যুগকে সঠিকভাবেই বিজ্ঞানের যুগ বলা হয়।	The modern age has rightly been called the age of science. (দ্য মডার্ণ এজ হ্যাজ রাইটলি বীন কলড্ দ্য এজ অফ্ সায়েন্স)
নিশা–	বিজ্ঞান পৃথিবীর আমূল পরিবর্তন করেছে। পৃথিবী বৈজ্ঞানিক আশ্চর্য বস্তুতে পূর্ণ।	Science has changed the face of the world completely. The world is full of scientific wonders. (সায়েন্স হ্যাজ চেঞ্জড দ্য ওয়ার্ল্ড কমপ্লিটলি। দ্য ওয়ার্ল্ড ইজ ফুল অফ্ সায়েন্টিফিক ওয়াণ্ডার্স)
রূপা–	যদি আমার পিতামহ আবার জীবিত হয়ে আসেন, তিনি এই পৃথিবীকে চিনতে পারবেন না।	If my grandfather happen to be alive he would not recognise this world. (ইফ্ মাই গ্রাণ্ডফাদার হ্যাপেন্স টু বী এ্যালাইভ, হী উড নট রেকগনাইজ দিস ওয়ার্ল্ড)
রীতা–	জীবন কত আরামদায়ক হয়ে উঠেছে। বিদ্যুৎ কি আশ্চর্যজনক উপহার!	Life has become so comfortable.What a wonderful gift is electricity. (লাইফ হ্যাজ বীকাম সো কমফর্টেবল। হোয়াট এ ওয়াণ্ডারফুল গিফ্ট ইজ ইলেকট্রিসিটি)
রূপা–	এটি আমাদের বাড়ী আলোকিত করে, এর দ্বারা রেলগাড়ী চলে আর ঘরের	It light our houses, trains are run with its help and many domestic works are done with it.

	অনেক কাজও এর দ্বারা হয়।	(ইট লাইটস আওয়ার হাউজেস. ট্রেনস্ আর রান উইথ ইটস্ হেল্প এ্যাণ্ড মেনী ডোমেস্টিক ওয়ার্কস আর ডান উইথ ইট)
নিশা–	দ্রুতগতিতে যোগাযোগ ব্যবস্থাও বিজ্ঞানের অবদান। আজকাল ভ্রমণ করা আরামপ্রদ।	The fast means of communication are also the gift of science. Travelling has become very comfortable now. (দ্য ফাস্ট মীনস্ অফ্ কম্যুনিকেশন আর অল্সো দ্য গিফট্ অফ্ সায়েন্স। ট্রাভেলিং হ্যাজ বীকাম ভেরী কম্ফর্টেবল নাউ)
রূপা–	উড়োজহাজ. টেলিভিশন. রেডিও ইত্যাদি সবই বিজ্ঞানের দান।	Aeroplanes, television, radio etc. all are the gifts of science. (এরোপ্লেন. টেলিভিশন. রেডিও এট্সেটরা অল্ আর দ্য গিফট্স অফ্ সায়েন্স)
রীতা–	বহু মারাত্মক রোগ ছিল। সেগুলি সবই নিয়ন্ত্রিত করা হয়েছে। অনেকগুলি একেবারে নিশ্চিহ্ন হয়ে গেছে।	Many dangerous diseases were there. They all have been controlled. They all have been eradicated. (মেনী ডেঞ্জারাস ডিজিজেস ওয়্যার দেয়ার। দে অল্ হ্যাভ বীন কন্ট্রোলড। মেনী হ্যাভ বীন ইরাডিকেটেড)
রূপা–	আজকাল বসন্তের নাম কোথাও শুনতে পাওয়া যায় কি? মহামারীও নিশ্চিহ্ন করা হয়েছে।	Where is the name of small-pox is heard now? Epidemics too have been eradicated. (হোয়্যার ইজ দ্য নেম অফ্ স্মল-পক্স হার্ড নাউ? এপিডেমিক্স টু হ্যাভ বীন এরাডিকেটেড)
নিশা–	কিন্তু একটি বিষয় রয়েছে। জীবন খুবই আরামপূর্ণ। কিন্তু একে আমরা সুখী বলতে পারি না।	But there is one thing. Life is full of comforts but we cannot call it happy. (বাট দেয়ার ইজ ওয়ান থিং। লাইফ ইজ ফুল অফ কম্ফর্টস, বাট উই ক্যান নট কল ইট হ্যাপী)
রীতা–	এটা হল সত্যের অপর দিক। বিজ্ঞান জীবনকে সহজ	This is the other side of the truth. Science has made life

	করেছে, কিন্তু ঝামেলাও বেড়েছে।	easy, But complications have increased. (দিস ইজ দ্য আদার সাইড অফ দ্য ট্রুথ। সায়েন্স হ্যাজ মেড লাইফ ইজী, বাট কমপ্লিকেশন্স হ্যাভ ইনক্রিজড)
রূপা–	এটা আমাদের এ্যাটম বোমার মত মারাত্মক অস্ত্র দিয়েছে। হিরোসিমা এবং নাগাসাকির ট্রাজেডি আমরা কখনো ভুলতে পারি না।	It has given us fatal arms like atom-bomb. We can never forget the tragedy of Hiroshima and Nagasaki. (ইট হ্যাজ গিভন আস ফ্যাটাল আর্মস লাইক এ্যাটম বম। উই ক্যান নেভার ফরগেট দ্য ট্রাজেডি অফ হিরোশিমা এ্যাণ্ড নাগাসাকি)
রীতা–	যদি তৃতীয় বিশ্বযুদ্ধ হয়, তবে সমস্ত পৃথিবী ধ্বংস হয়ে যাবে।	If there is the Third world War the whole world would be destroyed. (ইফ্ দেয়ার ইজ থার্ড ওয়ার্ল্ড ওয়ার, দ্য হোল ওয়ার্ল্ড উড বী ডেস্ট্রয়েড)
নিশা–	কিন্তু বিজ্ঞানের এতে কোন দোষ নেই। এমন ব্যবহার তো মানুষ করছে।	But science is not to blame. It is man himself who makes its use thus. (বাট সায়েন্স ইজ নট টু ব্লেম। ইট ইজ ম্যান হিমসেল্ফ, হু মেকস্ ইটস ইউজ দাস)
রূপা–	এ জন্যই তো বলা হয় যে, বিজ্ঞান খুব ভালো ভৃত্য, কিন্তু খারাপ প্রভু।	That's why it has been said that science is a good servant but a bad master. (দ্যাটস হোয়াই ইট হ্যাজ বীন সেড দ্যাট সায়েন্স ইজ এ গুড সার্ভেন্ট, বাট এ ব্যাড মাস্টার)
রীতা–	বিজ্ঞান একই সঙ্গে আশীর্বাদ এবং অভিশাপ – দুই-ই।	Science is both a blessing and a curse. (সায়েন্স ইজ বোথ এ ব্লেসিং এ্যাণ্ড এ কার্স).
নিশা–	রাজনৈতিক নেতাদের হাতে পড়ে বিজ্ঞান বিনাশের কারণ হয়ে উঠবে।	Science will become an instrument of destruction by falling in the hands of political leaders. (সায়েন্স উইল বীকাম এ্যান ইনস্ট্রুমেন্ট অফ ডেস্ট্রাকশন বাই ফলিং ইন্ দ্য হ্যাণ্ডস অফ পোলিটিক্যাল লীডার্স)

বর্গীকৃত শব্দাবলী

Classified Glossary (ক্ল্যাসিফায়েড গ্লসারী)

Parts of the Body শরীরের অঙ্গপ্রত্যঙ্গ

limb (লিম্ব) অঙ্গ
toe (টো) আঙ্গুল (পায়ের)
finger (ফিঙ্গার) আঙ্গুল (হাতের)
thumb (থাম্ব) বুড়ো আঙ্গুল
eye (আই) চোখ
intestine (ইনটেস্টাইন) আন্ত্র
heel (হিল) গোড়ালি
lip (লিপ) ঠোঁট
shoulder (শোল্ডার) কাঁধ
temple (টেম্পল) রগ
waist (ওয়েস্ট) কোমর
wrist (রিস্ট) হাতের কব্জি
ear (ইয়ার) কান
little finger (লিটল ফিঙ্গার) কড়ে আঙ্গুল
armpit (আর্মপিট) বগল
elbow (এলবো) কনুই
skull (স্কাল) মাথার খুলি
anklebone (এ্যাংকল বোন) গুলফের হাড়
neck (নেক) ঘাড়
womb (উম্ব) গর্ভ
uterus (ইউটেরাস) গর্ভাশয়
whiskers (হুইস্কার্স) গোঁফ
throat (থ্রোট) গলা
cheek (চিক) গাল
anus (এ্যানাস) মলদ্বার
nape (নেপ) ঘাড়ের সন্ধি
kidney (কিডনী) মুত্রগ্রন্থি
lap (ল্যাপ) কোল
gland (গ্ল্যান্ড) গ্রন্থি
knee (নী) হাঁটু
skin (স্কিন) চামড়া
teat (টীট) স্তনবৃন্ত
buttocks (বাটকস) নিতম্ব
face (ফেস) মুখমন্ডল
bone (বোন) হাড়
palm (পাম) হাতের চেটো
collar bone (কলার বোন) কাঁধের হাড়
hand (হ্যন্ড) হাত
heart (হার্ট) হৃদয়
penis (পেনিস) লিঙ্গ
wind pipe (উইন্ড পাইপ) শ্বাসনলি
head (হেড) মাথা
joint (জয়েন্ট) জোড়
chin (চিন) থুতনী
ankle (এ্যাঙ্কল) গোড়ালি
leg (লেগ) পা
index finger (ইন্ডেকস ফিঙ্গার) তর্জনী
sole (সোল) পায়ের তলা
palate (প্যালেট) তালু
spleen (স্প্লীন) প্লীহা
teeth (টিথ) দাঁত
grinder (গ্রাইন্ডার) মাড়ির দাঁত
beard (বিয়ার্ড) দাড়ি
brain (ব্রেন) মস্তিষ্ক
trunk (ট্রাঙ্ক) ধড়
artery (আর্টারী) ধমনী
nail (নেল) নখ
nostrils (নস্ট্রিলস) নাকের ফুটো
vein (ভেন) শিরা
nose (নোজ) নাক
pulse (পালস) নাড়ি
naval (ন্যাভাল) নাভি
eyelid (আইলিড) চোখের পলক
rib (রিব) পাঁজর
stomach (স্টমাক) পাকস্থলী
foot (ফুট) পা
calf-leg (কাফ-লেগ) পায়ের ডিম
pupil (পিউপিল) চোখের তারা

chest (চেস্ট) বক্ষস্থল (পুরুষ)
breast (ব্রেস্ট) বক্ষস্থল (মহিলা)
jaw (জ) চোয়াল
thigh (থাই) উরু
liver (লিভার) যকৃৎ
tongue(টাং)জিভ
urinary bladder (ইউরিনারি ব্লাডার) মূত্রাশয়
moustache (মুস্ট্যাচ) গোঁফ
backbone (ব্যাকবোন) মেরুদন্ড
hair (হেয়ার) লোম
pore (পোর) রোমকূপ
saliva (স্যালিভা) লালা
blood (ব্লাড) রক্ত
muscle (মাসল) পেশী
lung (লাংগস) ফুসফুস
arm (আর্ম) বাহু
hair (হেয়ার) চুল
vagina (ভ্যাজিনা) যোনি
eyebrow(আইব্রো)ভ্রু
middle finger (মিডল ফিঙ্গার) মধ্যমা
eye lash (আই ল্যাশ) চোখের পলক
embryo (এমব্রোয়) ভ্রূণ
gum (গাম) মাড়ি
forehead (ফোরহেড) কপাল, ললাট
mouth (মাউথ) মুখ
fist (ফিস্ট) মুঠি

Ailments রোগ (এইলমেন্টস)

hydrocle (হাইড্রোসিল) অঙ্গকোষ বৃদ্ধি
blindness (ব্লাইন্ডনেস) অন্ধত্ব
indigestion (ইনডাইজেশন) অজীর্ণ
acidity (এ্যাসিডিটি) অম্ল রোগ
diorrhoea (ডায়রিয়া) অতিসার
syphilis (সিফিলিস) উপদংশ
migraine (মাইগ্রেন) অর্দ্ধ শিরঃপীড়া
paralysis (প্যারালাইসিস) পক্ষাঘাত
fracture (ফ্র্যাকচার) হাড় ভাঙ্গা
nausea (নশিয়া) বমনেচ্ছা
mumps (মাম্পস) কর্ণমূল প্রদাহ, কর্ণমূল ফোলা
phlegm (ফ্লেম) কফ
vomiting (ভমিটিং) বমি
constipation (কনষ্টিপেশন) কোষ্ঠকাঠিন্য
cancer (ক্যান্সার) কর্কট রোগ
leprosy (লেপ্রোসি) কুষ্ঠ রোগ
measles (মীজল্জ) হাম
cough (কাফ) শ্লেষ্মা
epitexis (এপিটেকিসস) নকসীর
sinus (সাইনাস) কফজনিত শিরঃপীড়া
nocrolepsy (নক্রোলেপ্সি) নিদ্রা রোগ
insomnia (ইন্সোমনিয়া) অনিদ্রা
pneumonia (নিউমোনিয়া) ফুসফুস প্রদাহ
sterilization (স্টেরিলাইজেশন) বন্ধ্যাত্বকরণ
cacules (ক্যালকিউলাস) পথরী
insanity (ইনস্যানিটী) পাগলামি
eczema (একিজমা) চর্মরোগ
jaundice (জন্ডিস) পান্ডুরোগ
pus (পস) পুঁজ
dysentery (ডিসেন্ট্রি) আমাশয়
leucorrhoea (ল্যুকোরিয়া) শ্বেতপ্রদর
plague (প্লেগ) প্লেগ রোগ
pimple (পিম্পল) ব্রণ
boil (বয়েল) ফোড়া
cough (কফ) কাশি
piles (পাইলস) অর্শ

scabies (স্ক্যাবিজ) পাঁচড়া
itch (ইচ) চুলকোনি
anemia (এ্যানিমিয়া) রক্তহীনতা
bleeding (ব্লীডিং) রক্তপাত, রক্তক্ষরণ
gout (গাউট) বাত
whitlou (হুইটলো) আঙ্গুলহারা
abortion (এ্যাবর্শন) গর্ভপাত
sore throat (সোর থ্রোট) গলা ব্যথা
tumour (টিউমার) আব
wound (উন্ড) ক্ষত
giddiness (গিডিনেস) মাথা ঝিম-ঝিম করা, মাথা ঘোরা
hurt (হার্ট) চোট
smallpox (স্মলপকস) বসন্ত
sneeze (স্নীজ) হাঁচি
dropsy (ড্রপসী) শোথ রোগ
bad cold (ব্যাড কোল্ড) সর্দি
ague (অগ) কম্প জ্বর
fever (ফীভার) জ্বর
asthma (এ্যাস্থমা) হাঁফানী
pain (পেইন) ব্যথা
ringworm (রিংওয়ার্ম) দাদ
fistula (ফিসচুলা) ভগন্দর
hunger (হাঙ্গার) ক্ষুধা
dyspepsia (ডিস্‌পেপসিয়া) অগ্নিমান্দ্য
diabetes (ডায়াবেটিজ) মধুমেহ
malaria (ম্যালেরিয়া) ম্যালেরিয়া
wart (ওয়ার্ট) আঁচিল
epidemic (এপিডেমিক) মহামারী
epilepsy (এপিলেপ্সী) মৃগী
fainting (ফেন্টিং) মূর্চ্ছা
cataract (ক্যাটার‍্যাকট) চোখের ছানি
sun stroke (সান স্ট্রোক) লু লাগা
tuberculosis (টিউবারকুলোসিস) যক্ষা
smallpox (স্মলপকস) শীতলা রোগ
lucoderma (লিউকোডারমা) শ্বেতকুষ্ঠ
headache (হেডেক) মাথা যন্ত্রণা
swelling (সোয়েলিং) ফোলা
gonorrhea (গনোরিয়া) প্রমেহ
elephant feet (এলিফ্যান্ট ফীট) গোদ
hiccup (হিকাপ) হেঁচকি
cholera (কলেরা) কলেরা, ওলাওঠা
lean (লীন) কৃশ, রোগা

Relation সম্পর্ক

uncle (আংকল) কাকা
aunt (আন্ট) কাকী
cousin (কাজিন) খুড়তুতো, জ্যাঠতুতো
disciple (ডিসাইপল) শিষ্য, শিষ্যা
brother-in-law (ব্রাদার-ইন্‌-ল) শালা
sister-in-law (সিস্টার-ইন্‌-ল) জা, বৌদি, শালী
adoptedson (এ্যাডপ্টেড সন) দত্তক পুত্র
grandfather (গ্র্যান্ড ফাদার) পিতামহ
grand mother (গ্র্যান্ড মাদার) পিতামহী
son-in-law (সন-ইন্‌-ল) জামাই
daughter (ডটার) কন্যা
beloved (বিলাভেড) প্রেমিকা
lover (লাভার) প্রেমী
sister (সিস্টার) বোন
brother-in-law (ব্রাদার-ইন্‌-ল) ভগ্নীপতি
nephew (নেফিউ) ভাইপো
niece (নীস) ভাইঝি
brother's wife (ব্রাদার্স ওয়াইফ) বৌদি
mother (মাদার) মা
maternal uncle (মেটারনাল আংকল) মামা

husband'ssister'shusband (হাজব্যান্ড'স সিস্টার'স হাজব্যান্ড) নন্দাই
maternal aunt (মেটারনাল আন্ট) মামী
mother'sbrother-in-law মাদার্স ব্রাদার-ইন-ল মেশো
grand daughter (গ্র্যান্ড ডটার) নাতনী
maternal grand father (মেটারনাল গ্র্যান্ড ফাদার) মাতামহ
mother's sister (মাদার্স সিস্টার) মাসী
maternal grand mother (মেটারনাল গ্র্যান্ড মাদার) মাতামহী
kept (কেপ্ট) রক্ষিতা
son (সন) পুত্র
husband (হাজব্যান্ড) স্বামী
heir (হেয়ার) ওয়ারিস
wife (ওয়াইফ) স্ত্রী
pupil (পিউপিল) শিষ্য
greatgrandfather (গ্রেট গ্র্যান্ড ফাদার) প্রপিতামহ
father-in-law (ফাদার-ইন্-ল) শ্বশুর
greatgrandmother (গ্রেট গ্র্যান্ঠ মাদার) প্রপিতামহী
mother-in-law (মাদার-ইন্-ল) শাশুড়ী
great grand son (গ্রেট গ্র্যান্ড সন) প্রপৌত্র
step (স্টেপ) সৎ
father (ফাদার) পিতা
wife's sister (ওয়াইফ'স সিস্টার) শালী

Household Goods ঘরোয়া জিনিষপত্র

almirah (অলমীরা) আলমারী
hearth (হার্থ) উনুন
milkpot (মিল্কপট) দুধের পাত্র
curd (কার্ড) দই
sauce pan (সস প্যান) ডেকচি
tooth pick (টুথ পিক) খড়কে
tooth powder (টুথ পাউডার) দাঁতের মাজন
ladle (ল্যাডল) হাতা
canister (ক্যানিস্টার) ক্যানেস্তারা
comb (কম্ব) চিরুনি
paper (পেপার) কাগজ
book (বুক) বই
axe (একস) কুড়ুল
kettle (কেটল) কেটলী
cream (ক্রীম) ক্রীম
chair (চেয়ার) চেয়ার
fork (ফর্ক) কাঁটা
diwan (ডীভান) ডিভান
earthen lamp (আর্থেন ল্যাম্প) প্রদীপ
mirror (মিরর) আয়না
mortar (মর্টার) খল
iron (আয়রন) ইস্ত্রী
fuel (ফুয়েল) ইন্ধন
frying pan (ফ্রাইং প্যান) কড়াই
twig brush (টুইগ ব্রাশ) দাঁতন
thread (থ্রেড) সুতো
censer (সেন্সার) ধূপদানি
tap (ট্যাপ) কল
pan (প্যান) গামলা
bed stead (বেড স্টীড) পালঙ্ক
palanquin (প্যালান্‌ক্যুইন) পাল্কী
foot mat (ফুট ম্যাট) পাপোষ
Spittoon (স্পীটুন) পিকদান
bowl (বোল) পাত্র
cradle (ক্রেডল) দোলনা

funnel (ফানেল) ফুঁদিল
glass (গ্লাস) গ্লাস
pitcher (পিচার) ঘড়া
watch (ওয়াচ) ঘড়ি
pastry board (পেস্ট্রী বোর্ড) চাকি
spinning wheel (স্পীনিং হুইল) চরকা
key (কী) চাবি
tea pot (টী পট) কেটলী
cot (কট) খাটিয়া
tongs (টংগস) চিমটা
bangle (ব্যাঙ্গল) চুড়ি
stove (ষ্টোভ) উনুন
spoon (স্পুন) চামচ
mat (ম্যাট) মাদুর
sieve (সীভ) চালনি
bed sheet (বেড শীট) চাদর
chimney (চিমনী) চিমনী
broom (ব্রুম) ঝাঁটা
swing (স্যুইং) দোলনা
stick (ষ্টিক) ছড়ি
umbrella (আম্ব্রেলা) ছাতা
cobweb (কবওয়েব) ঝুলঝাড়া
tub (টাব) টব
basket (বাস্কেট) ঝুড়ি
desk (ডেস্ক) ডেস্ক
box (বকস) বাকস
lid (লিড) ঢাকনা
pillow (পিলো) বালিশ
pillow cover (পিলো কভার) বালিশের ওয়ার
scale (স্কেল) দাঁড়িপাল্লা
pan (প্যান) চাটু
lock (লক) তালা
oil (অয়েল) তেল
nut-cutter (নাট-কাটার) জাঁতি
knitting stick (নীটিং ষ্টিক) উলবোনার কাঁটা

saucer (সসার) পিরিচ
plate (প্লেট) প্লেট
chandelier (চ্যান্ডেলিয়ার) ঝাড়
flower vase (ফ্লাওয়ার ভেস) ফুলদানি
purse (পার্স) বটুয়া
pot (পট) বাসন
bulb (বাল্ব) বাল্ব
bucket (বাকেট) বালতি
bench (বেঞ্চ) বেঞ্চ
roller (রোলার) বেলন
bottle (বটল) বোতল
button (বটন) বোতাম
wick (উইক) সলতে
sack (স্যাক) বস্তা
pestle (পেষল) মুষল
table (টেবল) টেবিল
reed chair (রীড চেয়ার) মোড়া
candle (ক্যান্ডল) মোমবাতি
bolster (বোলস্টার) মসনদ
churn staff (চার্ন স্টাফ) মন্থন পাত্র
kerosene (কেরোসিন) কেরোসিন তেল
string (ষ্ট্রিং) দড়ি
rope (রোপ) দড়ি
ash(এ্যাশ) ছাই
pen (পেন) কলম
lantern (ল্যান্টার্ন) লন্ঠন
lota (লোটা) ঘটি
sorapang (সোড়াপাং) লুঙ্গী
phial (ফাইল) শিশি
soap (সোপ) সাবান
sofa (সোফা) সোফা
stool (স্টুল) টুল
wire (ওয়ার) তার
safe (সেফ) সিন্দুক
oven (ওভেন) তন্দুর

dressing box (ড্রেসিং বকস) প্রসাধনের বাক্স
jug (জাগ) কুঁজো
needle (নীডল) ছুঁচ
pincers (পিনসার্স) সাঁড়াশি
hubble bubble (হাবল বাবল) হুঁকো, কল্কে
platter (প্ল্যাটার) থালা
matchstick (ম্যাচস্টিক) দেশলাইকাঠি
matchbox (ম্যাচবক্স) দেশলাইবাক্স
scythe (স্কাইথ) কাস্তে

Clothes and Ornaments বস্ত্র ও আভূষণ

ring (রিং) আংটি
lining (লাইনিং) অস্তর
sleeve (স্লীভ) আস্তিন
tunic (টিউনিক) অঙ্গরাখা
napkin (ন্যাপকিন) গামছা
woolen clothes (উলেন ক্লোদস) গরম কাপড়
blanket (ব্ল্যাঙ্কেট) কম্বল
shirt (শার্ট) জামা
collar (কলার) কলার
kurta (কুর্তা) পাঞ্জাবী
coat (কোট) কোট
belt (বেল্ট) কোমরবধন্নী
canvas (ক্যানভাস) ক্যাম্বিস
girdle (গার্ডল) কটিবন্ধ
ear ring (ইয়ার রিং) দুল
bracelet (ব্রেসলেট) বালা
cushion (কুশন) গদী
muffler (মাফলার) গলাবন্ধ
gown (গাউন) গাউন
cover (কভর) ওয়ার
skirt (স্কার্ট) ঘাঘরা
stockings (স্টকিংস) বড় মোজা
quilt (কুইল্ট) লেপ
darn (ডার্ন) রিপু
cotton (কটন) তুলো
handkerchief (হ্যাঙ্কারচিফ) রুমাল
turban (টার্বান) পাগড়ী
curtain (কার্টেন) পর্দা
nose ring (নোজ রিং) নথ
broach (ব্রোচ) বিশেষ পিন
pyjamas (পায়জামা) পাজামা
stud (স্টাড) বোতাম বিশেষ
dress (ড্রেস) পোশাক
frock (ফ্রক) ফ্রক
lace (লেস) ফিতা
vest (ভেস্ট) গেঞ্জী
button (বটন) বোতাম
overcoat (ওভারকোট) বড় কোট
breeches (ব্রীচেস) ব্রীচেস বিশেষ
bedding (বেডিং) বিছানা
veil (ভেল) ঘোমটা
bush shirt (বুশ শার্ট) বুশ শার্ট
boot (বুট) জুতো
armlet (আর্মলেট) বাজুবন্ধ
velvet (ভেলভেট) মখমল
border (বর্ডার) পাড়
muslin (মসলিন) মলমল
sheet (শীট) চাদর
cloak (ক্লোক) চোগা
blouse (ব্লাউজ) ব্লাউজ
chintz (চিন্টজ) ছিট
underwear (আন্ডারওয়্যার) অন্তঃবস্ত্র

silk (সিল্ক) রেশম
pocket (পকেট) পকেট
chain (চেন) শৃঙ্খল
socks (সক্স) মোজা
frill (ফ্রিল) ঝালর

shoe (শু) জুতো
satin (স্যাটিন) সাটিন
trousers (ট্রাউজার) পাতলুন
chemise (শেমিজ) শেমিজ
salwar (সালোয়ার) সালোয়ার
sari (শাড়ী) শাড়ী
slipper (স্লীপার) চটি
sweater (সোয়েটার) সোয়েটার
yarn (ইয়ার্ন) সুতলি
suit (সুট) সুট
necklace (নেকলেস) হার
holdall (হোল্ডল) হোল্ডল

drill (ড্রিল) জীন
long cloth (লং ক্লথ) সুতী কাপড়
petticoat (পেটিকোট) সায়া
uniform (ইউনিফর্ম) উর্দি
waist coat (ওয়েস্ট কোট) ওয়েস্ট কোট
jacket (জ্যাকেট) জ্যাকেট
cap (ক্যাপ) টুপি
hat (হ্যাট) চওড়া টুপি
pillow (পিলো) বালিশ
towel (টাওয়েল) তোয়ালে
laces (লেসেস) লেসেস
gloves (গ্লাভস) দস্তানা
scarf (স্কার্ফ) ওড়না
shawl (শাল) গরম চাদর
dhoti (ধুতি) ধুতি
half pant (হাফ প্যান্ট) হাফ প্যান্ট

Eatables খাদ্য পদার্থ

egg (এগ) ডিম
pickle (পিকল) আচার
cereal (সিরিয়াল) আনাজ
pigeon pea (পিজিয়ন পী) অড়হর ডাল
arrowroot (এ্যারারুট) এ্যারারুট
flour (ফ্লাউয়ার) আটা
tamarind (ট্যামারিন্ড) তেঁতুল
cardamom (কার্ডামম) এলাচ
comfit (কমফিট) এলাচদানা
curry (কারি) ঝোল
coffee (কফি) কফি
icecream (আইসক্রীম) কুলফি
pepper (পেপর) মরিচ
cake (কেক) কেক
saffron (স্যাফরন) কেশর

salty dish (সল্টি ডিশ) নিমকি
cheese (চীজ) ছানা
betel leaf (বীটল লীফ) পান
bread (ব্রেড) পাঁউরুটী
poppy (পপি) পোস্ত
pastry (পেস্ট্রী) পেস্ট্রী
ice (আইস) বরফ
pearl millet (পার্ল মিলেট) বাজরা
biscuit (বিস্কিট) বিস্কুট
corn ear (কর্ন ইয়ার) ভুষি
food (ফুড) ভোজন
maize (মেজ) যব
butter (বাটার) মাখন
pea (পী) কড়াইশুঁটি
whey (হোয়ে) ঘোল

rice milk (রাইস মিল্ক) পায়েস
jaggery (জ্যাগারী) গুড়
cluster bean (ক্ল্যাস্টার বীন) গ্বার
wheat (হুইট) গম
field pea (ফীল্ড পী) কাবলি ছোলা
clarifiedbutter (ক্ল্যারিফায়েড বাটার) ঘি
sauce (সস্) চাটনি
gram (গ্রাম) ছোলা
cake (কেক) কেক
rice (রাইস) চাল, ভাত
tea (টী) চা
beaten paddy (বীটন প্যাডী) চিঁড়ে
sugar (শুগার) চিনি
bran (ব্রান) ভুষি
chocolate (চকোলেট) চকলেট
cheese (চীজ) ছানা
oat (ওঠ) জই
barley (বার্লি) বার্লি
millet (মিলেট) জোয়ার
vegetable (ভেজিটেবল) তরকারী
sesamum (সীসেম) তিল
oil (অয়েল) তেল
porridge (পরিজ) দালিয়া
curd (কার্ড) দই
pulse (পাল্স) ডাল
milk (মিল্ক) দুধ
paddy (প্যাডী) ধান
salt (সল্ট) লবন
cream (ক্রীম) সর
lentil (লেন্টিল) মসুর ডাল
meat (মীট) মাংস
pork (পর্ক) শূয়োরের মাংস
mutton (মাটন) পাঁঠার মাংস
beaf (বীফ) গরুর মাংস
sweetmeat (স্যুইট মীট) মিষ্টি
sugar candy (শুগার ক্যান্ডি) মিছরী
jam (জ্যাম) মোরব্বা
puffed rice (পাফ্ড রাইস) মুড়ি
kidney bean (কিড্নী বীন) মুগ ডাল, রাজমা
fine flour (ফাইন ফ্ল্যাউয়ার) ময়দা
buck wheat (বাক হুইট) মেথী
licuorice (লিকোরাইস) যষ্ঠী মধু
molasses (মোল্যাসেস) গুড়
castor seed (ক্যাস্টর সীড) রেড়ী
supper (সাপার) রাতের খাবার
bread (ব্রেড) রুটী
butter milk (বাটার মিল্ক) ঘোল
wine (ওয়াইন) মদ
syrup (সিরাপ) শরবত
honey (হানি) মধু
mustard (মাস্টার্ড) সর্ষে
vinegar (ভিনিগার) ভিনিগ্যার
betel nut (বীটল নাট) সুপারি
dry ginger (ড্রাই জিঞ্জার) শুকনো আদা
turmeric (টার্মারিক) হলুদ
sweet pudding (স্যুইট পুডিং) হালুয়া

Fruits ফল

grapes (গ্রেপস্) আঙ্গুর
fig (ফিগ) ডুমুর
walnut (ওয়ালনাট) আখরোট
watermelon (ওয়াটারমেলন) তরমুজ
currant (কারেন্ট) করমচা
coconut (কোকোনাট) নারকেল

pine-apple (পাইন-এ্যাপেল) আনারস
pomegranate (পমিগ্র্যানেড) ডালিম
guava (গুয়াভা) পেয়ারা
peech (পীচ) আড়ু
mango (ম্যাঙ্গো) আম
plum (প্লাম) কুল
raisin (রেজিন) কিশমিশ
banana (বানানা) কলা
malta (মাল্টা) মাল্টা
raisin (রেজিন) মুনক্কা
groundnut (গ্রাউন্ডনাট) চীনাবাদাম
mozambique (মোজাম্বিক) মুসম্বী লেবু
lichi (লিচি) লিচু
custard apple (কাস্টার্ড এ্যাপেল) শরিফা
pinus gerardiana (পাইনাস গার্ডিয়ানা) চিলগোজা
sapodilla (স্যাপোডিলা) সবেদা
rose apple (রোজ এ্যাপেল) জাম
crabapple (ক্র্যাবএ্যাপেল) জংলীআপেল
olive (অলিভ) জলপাই
orange (অরেঞ্জ) কমলা লেবু
lemon (লেমন) পাতি লেবু
pear (পীয়ার) নাশপাতি
papaya (পাপাইয়া) পেঁপে
pistachio (পেস্টাচিও) পেস্তা
gromia (গ্রোমিয়া) ফালসা
almond (আলমন্ড) বাদাম
cashewnut (ক্যাশুনাট) কাজু
date (ডেট) খেজুর
melon (মেলন) তরমুজ
cucumber (কিউকাম্বার) শশা
apricot (এ্যাপ্রিকট) খুবানী
pompelmoose (পোম্পলমুজ) বাতাবি লেবু
mulberry (মলবেরী) তুঁতে ফল
waternut (ওয়াটার নাট) পানিফল
apple (এ্যাপেল) আপেল

Flowers ফুল

oleander (ওলিয়েন্ডার) করবী
lotus (লোটাস) পদ্ম
lily (লিলি) জলপদ্ম
coxcomb (ককসকোম্ব) মোরগ ফুল
pandanus (প্যান্ডেনাস) কেওড়া
mushroom (মাশরুম) ব্যাঙের ছাতা
gilly flower (জিলি ফ্লাওয়ার) খয়রা ফুল
poppy (পপি) পোস্ত
peruflower (পেরুফ্লাওয়ার) দুপ্রহরীফুল
rose (রোজ) গোলাপ
magnolia (ম্যাগ্নোলিয়া) চাঁপা
jasmine (জ্যাসমিন) চামেলী
sweet jasmine (স্যুইট জ্যাসমিন) জুঁই
dehlia (ডেহলিয়া) ডালিয়া
basil (বেসিল) তুলসী
narcissus (নার্সিসাস) নারগিস
moon flower (মুন ফ্লাওয়ার) চাদঁনী ফুল
small chrysanthemum (স্মল ক্রিসেনথিমাম) গুল দাউদী
balsam (বালসাম) দোপাটি

daisy (ডেইজি) মোগরা
round jasmine (রাউন্ড জ্যাসমিন) মোলিয়া
tulip (টিউলিপ) টিউলিপ
marigold (মেরিগোল্ড) গাঁদা
sun flower (সান ফ্ল্যাওয়ার) সূর্যমুখী

Vegetables সব্জী

ginger (জিঞ্জার) আদা
coriander (করিয়েন্ডার) ধনে
colocasia (কোলোকাশিয়া) কচু
spinach (স্পিন্যাচ) পালং শাক
potato (পট্যাটো) আলু
mint (মিন্ট) পুদিনা
tamarind (ট্যামারিন্ড) তেঁতুল
ash pumpkin (এ্যাস পাম্পকিন) চালকুমড়ো
long cucumber (লং কিউকাম্বার) কাঁকড়ি
onion (ওনিয়ন) পেঁয়াজ
jack fruit (জ্যাক ফ্রুট) কাঁঠাল
pumpkin (পাম্পকিন) কুমড়ো
cabbage (ক্যাবেজ) বাঁধাকপি
bitter gourd (বিটার গোর্ড) করলা
brinjal (ব্রিঞ্জাল) বেগুন
evygourd (ইভিগোর্ড) তেলাকুচা
lady'sfinger (লেডিজফিঙ্গার) ঢেঁড়শ
squashgourd (স্কোয়াশগোর্ড) কোহড়া
cornear (কর্ণইয়ার) ভুট্টা
carambola (ক্যারাম্বোলা) কমরখ
pea (পী) কড়াইশুঁটি
carrot (ক্যারট) গাজর
chillies (চিলিজ) লংকা
citron (সিট্রন) গলগল
radish (র‍্যাডিশ) মূলো
cauliflower (কলিফ্ল্যাওয়ার) ফুলকপি
fenugreek (ফেনুগ্রীক) মেথী
knolkhol (নোলখোল) ওলকপি
potatopalm (পট্যাটো পাম) শাঁকালু
clusterbeans (ক্ল্যাস্টারবীনস) জোয়ারফলি
garlic (গার্লিক) রসুন
luffa (লুফা) লাউ
sweetpotato (স্যুইটপট্যাটো) রাঙালু
snake gourd (স্নেক গোর্ড) চিচিঙ্গা
turnip (টারনিপ) শালগম
beet root (বীট রুট) বীট
lettuce (লেটুস) স্যালাড পাতা
amaranthus (এমারেন্থস) নটে শাক
bean (বীন) সীম
yam (ইয়াম) ওল
drumstick (ড্রামস্টিক) সজনে ডাঁটা

Spices মশলা

aloes (এলোজ) ঘৃতকুমারী
corianderseed (করিয়েন্ডারসীড) ধনে
caraway (ক্যারাউয়ে) জোয়ান
salt (সল্ট) নুন
ginger (জিঞ্জার) আদা
alum (এলম) ফিটকিরী

linseed (লিনসীড) তিসি
cardamom (কার্ডামম) এলাচ
nigella (নিগেলা) কালো জিরা
blackpepper (ব্ল্যাকপেপার) গোলমরিচ
saffron (স্যাফরন) জাফরান
yeast (য়ীস্ট) খমির
poppyseed (পপিসীড) পোস্ত
nutmeg (নাটমেগ) জায়ফল
mace (মেস) জয়িত্রী
cumin seed (কিউমিন সীড) জিরা
cassia (ক্যাসিয়া) তেজপাতা
cinnamon (সিনামন) দারচিনি

hemp (হেম্প) ভাঙ্গ
chillies (চিলিজ) লংকা
soap nut (সোপ নাট) রীঠা
clove (ক্লোভ) লবঙ্গ
betelnut (বীটলনাট) সুপারী
vinegar (ভিনিগার) ভিনিগার
dryginger (ড্রাইজিঞ্জার) শুকনোআদা
aniseed (এ্যানিসীড) মৌরী
sago (সাগো) সাবু দানা
turmeric (টার্মারিক) হলুদ
asafoetida (এ্যাসাফোটিডা) হিং

Birds পাখী

swallow (সোয়্যালো) দোয়েল
owl (আউল) পেঁচা
woodpecker (উডপেকার) কাঠঠোকরা
pigeon (পিজিয়ন) পায়রা
cockatoo (কক্যাটু) কাকাতুয়া
heran (হেরণ) কুঞ্জ
cuckoo (কুককু) কোকিল
crow (ক্রো) কাক
eagle (ঈগল) ঈগল
vulture (ভাল্চার) শকুন
sparrow (স্প্যারো) চড়াই
ruddy goose (রাডি গুজ) চখা
red legged partridge (রেড লেগড পারট্রিজ) চাতক
bat (ব্যাট) বাদুর
kite (কাইট) চিল
chicken (চিকেন) মুর্গী ছানা
pewit (পিভিট) টিটহরী

partridge (পারট্রিজ) তিতির
parrot (প্যারট) টিয়া
magpie (ম্যাগপাই) নীলকন্ঠ
duck (ডাক) হাঁস
weaver bird (উইভার বার্ড) বাবুই
quail (ক্যুয়েল) বটের
hawk (হক) বাজ
falcon (ফ্যাল্কন) বাজ
cock (কক) মোরগ
hen (হেন) মুর্গী
peacock (পীকক) ময়ূর
thrush (থ্রাশ) মুনিয়া
canary (ক্যানারি) ময়না
lark (লার্ক) টুনটুনি
crane (ক্রেন) সারস
ostritch (অস্ট্রিচ) উট পাখী
swan (সোয়ান) রাজহাঁস

Animals and Insects পশু ও কীট-পতঙ্গ

boa (বোয়া) অজগর

he-goat (হী-গোট) পাঁঠা

camel (ক্যামেল) উট
turtle (টার্টল) কচ্ছপ
musk deer (মাস্ক ডিয়ার) কস্তুরী মৃগ
kangaroo (ক্যাঙ্গারু) ক্যাঙ্গারু
dog (ডগ) কুকুর
bitch (বীচ) কুককুরী
crab (ক্র্যাব) কাঁকড়া
mule (মিউল) খচ্চর
hare (হেয়ার) খরগোশ
bug (বাগ) ছারপোকা
beetle (বীটল) গোবরেল
cow (কাউ) গরু
squirrel (স্কুইর‍্যাল) কাঠবেড়ালী
ass (এ্যাস) গাধা
rhinoceros (রাইনোসরাস) গন্ডার
horse (হর্স) ঘোড়া
mare (মেয়ার) মেয়ে ঘোড়া
snail (স্নেল) শামুক
alligator (এ্যালিগেটর) কুমীর
panther (প্যান্থার) চিতা বাঘ
mouse (মাউস) ইঁদুর
mole (মোল) ছুঁচো
giraffe (জিরাফ) জিরাফ
lizard (লিজার্ড) টিকটিকি
lice (লাইস) উকুন
leech (লীচ) জোঁক
cricket (ক্রিকেট) উচ্চিংড়ে
zebra (জেব্রা) জেব্রা
spenial (স্প্যানিয়াল) লোমশ কুকুর
pony (পনি) টাট্টু ঘোড়া
grass-hopper (গ্রাস-হপার) গঙ্গাফড়িং
locust (লোকাস্ট) পঙ্গপাল
leopard (লেপার্ড) চিতা বাঘ
wasp (ওয়াস্প) বোলতা
butterfly (বাটারফ্লাই) প্রজাপতি
hippopotamus (হিপোপটেমাস) গন্ডার
she-goat (শী-গোট) ছাগলী
kid (কিড) ছাগল ছানা
calf (কাফ) বাছুর
she-calf (শী-কাফ) বকনা বাছুর
colt (কোল্ট) ঘোড়ার বাচ্চা
cat (ক্যাট) বেড়াল
kitten (কিটেন) বেড়াল ছানা
monkey (মাংকী) বাঁদর
chimpanzee (শিম্পাঞ্জী) বনমানুষ
tiger (টাইগার) বাঘ
stag (স্ট্যাগ) বারশিঙ্গা
ox / bullock (অকস / বুলক) ষাঁড়
bear (বিয়ার) ভালুক
wolf (উল্ফ) নেকড়ে
sheep (শীপ) ভেড়া
lamb (ল্যাম্ব) ভেড়ার বাচ্চা
buffalo (বাফেলো) মোষ
kid / lamb (কিড / ল্যাম্ব) ভেড়ার বাচ্চা
ram (র‍্যাম) পুরুষ ভেড়া
spider (স্পাইডার) মাকড়শা
fly (ফ্লাই) মাছি
crocodile (ক্রোকোডাইল) কুমীর
mosquito (মস্‌কুইটো) মশা
fish (ফিশ) মাছ
bee (বী) মৌমাছি
frog (ফ্রগ) ব্যাঙ
tadpole (ট্যাডপোল) ব্যাঙাচি
silkworm (সিল্কওয়ার্ম) গুটি পোকা
egg of lice (এগ অফ্ লাইস) লিক. নিকি
fox (ফক্স) শেয়াল
hyena (হায়না) হায়না
ape (এপ) হনুমান
hound (হাউন্ড) শিকারী কুকুর
shark (শার্ক) হাঙর
snake (স্নেক) সাপ
oyster (ওয়েস্টার) ঝিনুক

termite (টারমাইট) উই
bluebull (ব্লু বুল) নীল গাই
mongoose (মুজ) বেজি
puppy (পাপি) কুকুর ছানা
elephant (এলিফ্যান্ট) হাতী
scorpion (স্কর্পিয়ন) বিছে
fawn (ফন) হরিণ ছানা

bull (বুল) ষাঁড়
porcupine (পরক্যুপাইন) শজারু
jackal (জ্যাকাল) শেয়াল
lion (লায়ন) সিংহ
pig (পিগ) শূকর
swine (সোয়াইন) শূকরী
deer (ডিয়ার) হরিণ

Professions জীবিকা

news agent (নিউজ এজেন্ট) খবরের প্রতিনিধি
engineer (ইঞ্জিনিয়ার) বাস্তুকার
actor (এ্যাক্টর) অভিনেতা
advocate (এ্যাডভোকেট) উকিল
petition writer (পীটিশন রাইটার) আর্জিনবীশ
orderly (অর্ডারলী) আর্দালী
commission agent (কমিশন এজেন্ট) দালাল
overseer (ওভারশিয়ার) তত্ত্বাবধায়ক
artist (আর্টিস্ট) শিল্পী
poet (পোয়েট) কবি
butcher (বুচার) কসাই
artisan (আর্টিসান) কারিগর
farmer (ফার্মার) চাষী
green-grocer (গ্রীন-গ্রসার) শাক-সব্জীওয়ালা
potter (পটার) কুমোর
porter (পোর্টার) কুলি
boatman (বোটম্যান) মাঝি
coachman (কোচম্যান) কোচওয়ান
cashier (ক্যাশিয়ার) খাজাঞ্চি
hawker (হকার) ফেরিওয়ালা
perfumer (পারফ্যুমার) গন্ধদ্রব্য ব্যবসায়ী

agent (এজেন্ট) প্রতিনিধি
plumber (প্লাম্বার) কল মিস্ত্রী
barber (বার্বার) নাপিত
baker (বেকার) রুটিওয়ালা
sailor (সেলার) নাবিক
inspector (ইন্সপেক্টর) নিরীক্ষক
journalist (জার্নালিস্ট) সাংবাদিক
examiner (একজামিনার) পরীক্ষক
manager (ম্যানেজার) কর্মাধ্যক্ষ
trainer (ট্রেনার) প্রশিক্ষক
pedlar (পেডলার) ফেরিওয়ালা
draper (ড্র্যাপার) কাপড়ের ব্যবসায়ী
carpenter (কারপেন্টার) ছুতোর
general merchant (জেনারেল মার্চেন্ট) ব্যবসায়ী
bearer (বেয়ারার) বেয়ারা
sweeper (স্যুইপার) জমাদার, মেথর
storekeeper (স্টোরকীপার) ভান্ডারী
grain parcher (গ্রেন পার্চার) যে শস্য গরম করে
beggar (বেগার) ভিখারী
water carrier (ওয়াটার ক্যারিয়ার) ভিস্তী
fisherman (ফিশারম্যান) জেলে

shepherd (শেফার্ড) রাখাল
musician (মিউজিশিয়ান) সঙ্গীতজ্ঞ
money-lender (মানি-লেন্ডার) মহাজন
gardener (গার্ডেনার) মালী
mechanic (মেকানিক) মিস্ত্রী
printer (প্রিন্টার) মুদ্রক
accountant (এ্যাকাউন্ট্যান্ট) মুনিম
sculptor (স্কাল্পটর) ভাস্কর
cobbler (কবলার) মুচি
jeweller (জুয়েলার) স্বর্ণকার, জহুরী
sweeper (স্যুইপার) ঝাড়ুদার
typist (টাইপিস্ট) টাইপিস্ট
contractor (কন্ট্র্যাকটর) ঠিকাদার
author (অথর) লেখক
blacksmith (ব্ল্যাকস্মিথ) কামার
lawyer (ল-ইয়্যার) উকিল
physician (ফিজিশিয়ান) বৈদ্য
teacher (টীচার) শিক্ষক
reporter (রিপোর্টার) সংবাদদাতা
policeman (পুলিশম্যান) সেপাই
goldsmith (গোল্ডস্মিথ) স্যাঁকরা
merchant (মার্চেন্ট) সৌদাগর
confectioner (কনফেকশনার) হালুইকর
wrestler (রেসলার) কুস্তিগীর
clergyman (ক্ল্যার্জিম্যান) পাদ্রী
priest (প্রীস্ট) পুরোহিত
labourer (লেবারার) মজুর
cowherd (কাউহার্ড) রাখাল
peon (পিওন) চাপরাশী
watchman (ওয়াচম্যান) চৌকিদার
surgeon (সার্জন) শল্য চিকিৎসক
detective (ডিটেকটিভ) গোয়েন্দা
binder (বাইন্ডার) বাঁধাইকার
weaver (উইভার) তাঁতী
cobbler (কবলার) জুতো সারাইকার
dyer (ডাইয়ার) রঞ্জক
chemist (কেমিস্ট) রসায়নাজ্ঞ
cook (কুক) রাঁধুনী
postman (পোস্টম্যান) ডাকপিওন
doctor (ডক্টর) ডাক্তার
drummer (ড্রামার) ঢুলি
tabla player (তবলা প্লেয়ার) তবলচী
oilman (অয়েলম্যান) তেলী
tailor (টেলার) দর্জি
broker (ব্রোকার) দালাল
druggist (ড্রাগিস্ট) ভেষজী
dentist (ডেন্টিস্ট) দন্ত চিকিৎসক
shopkeeper (শপকীপার) দোকানদার
carder (কার্ডার) ধুনুরী
washerman (ওয়াশারম্যান) ধোপা
nurse (নার্স) ধাই, ধাত্রী